습관을 바꾸면
인생이 바뀐다

습관을 바꾸면
인생이 바뀐다

김시현 지음

뭘 해도 잘되는 사람으로 습관을 리셋하는 법

사람은 고쳐 쓰는 게 아니라는 말이 있다. 정말 사람은 고쳐 쓸 수 없는 걸까? 사람의 탁월함은 타고나는 걸까? 아니면 후천적으로 애를 쓰면 탁월해질 수도 있는 걸까? 결론부터 말하자면 사람은 고쳐 쓸 수 있다고 생각한다. 나 자신을 고쳐 쓰고 있기 때문이다.

서른 이전의 나는 지금의 나를 상상할 수 없을 만큼 고쳐 쓸 수 없는 인간이었다. 학교는 지각을 밥 먹듯이 하고, 전공 공부는 지겹고, 낙제를 겨우 면할 수준의 학점을 받으며, 그야말로 마지못해 다녔다. 꾸준히 무언가를 지속한 경험은 없었다. 의지는 박약하고, 결심은 3일이면 망각하고, 열정은 초반에만 펄펄 끓다가 이내 차갑게 식었다.

학교를 졸업하고 겨우겨우 취업을 했는데, 회사생활도 마찬가지였다. 스스로가 조직생활에 맞는 사람이 아니라는 망상 아닌 망상을 하며 할 일을 제대로 해낸 적이 드물었다.

서른부터 더 이상 물러날 곳이 없다는 커다란 자각을 한 이후 15년 동안 조금씩 나를 고쳐서 써왔다. 그렇게 마흔다섯이 된 지금의 나는 전업작가가 되어 7권의 책을 쓰고, 강연을 연 50회 이상 소화하고, 매달 잡지에 칼럼을 기고하고, 팟캐스트를 3년 넘게 운영해왔고, 유튜브 영상을 5년 넘게 꾸준히 제작해왔다. 2016년부터 8년째 운영하는 독서 커뮤니티도 있다. 사람은 고쳐 쓰는 게 아니라는 말이 정설로 받아들여지고 있을 정도로 사람이 바뀌기가 힘들다던데, 스스로를 어떻게 고쳐 썼을까?

더 이상 물러날 곳이 없어지자 마음을 가다듬었다. 마음 씀씀이를 다듬자 매사를 대하는 태도가 바뀌었고, 태도가 바뀌자 쓰는 말이 달라졌고, 말이 달라지자 행동이 변화했다. 이 모든 것이 하룻밤 사이에 변화한 것은 아니다. 특히 행동이 달라지기까지는 기나긴 세월이 필요했다. 되돌아보니 나는 스스로를 고쳐 쓴 것이 아니라 오랜 세월에 걸쳐 새로운 습관을 몸에 익힌 것이었다.

습관은 의지나 결심, 열정을 필요로 하지 않기에 그 지속 기간이 오래간다. 사람을 고쳐 쓰는 게 아니라 습관을 고쳐 써야 변화가 일어난다. 사람은 마음과 언어, 몸이 유기적으로 연결되어 있다. 마음을 이해해야 언어가 변화하고, 언어가 근본적으로 바뀌어야 행동으로 옮겨간다. 만약 행동이 변화하지 않았다면 마음습관과 언어습관을 점검할 필요가 있다.

엉망이었던 시절에는 현재의 자신을 바꿀 생각은 하지 않고 늘 미래의 나에게 모든 걸 맡기는 습관이 있었다.

'언젠가는 독서를 해야지,
언젠가는 운동을 해야지,
언젠가는 청소를 해야지.'

그렇게 미래에 독서를 하는 나, 운동을 하는 나, 청소를 하는 나를 상상만 했다. 하지만 일상이 바뀌지 않으면 미래의 나는 지금보다 못한 존재가 되어 있을 것이다.

일상이 바뀌어야 미래의 내가 바뀐다. 오늘의 일상을 조금이라도 바꿔야 미래의 내가 조금이라도 변화한다. 미래의 나에게 기대지 말고 현재의 나를 직시해야 새로운 습관을 만들 수 있다. 미래에 원하는 내가 되는 말, 마음, 행동을 어떻게 습관화 할 수 있는지 15년 동안 나 자신을 고쳐 쓴 경험담을 이 책에 담았다. 지금까지 의지와 열정, 결심은 가득하지만 행동으로 이어지지 못하거나 그 지속이 짧았다면 나의 경

험담이 도움이 되길 기원한다. 경험을 활자로 변환할 기회를
준 최민지 편집자님께 감사드린다.

김시현

차례

3장 | 마음의 방향이 인생의 방향이다

4장 | 말습관이 운명을 만든다

나는 부정적인 마음습관,
게으른 행동습관을 고쳐나가면서
내가 어떤 사람인지 알아갔다.
나는 사람은 변화할 수 있다고 믿는다.
내가 직접 경험한 것이다.
이제부터 습관이라는 실험실을 가동하자.
어떤 습관이 내 몸에 착 붙어
놀라운 변화를 가져다줄지 기대하면서 말이다.

1장

인생을 180도 바꾸는
습관의 힘

습관은
더하기가 아닌
곱하기

세기의 투자가 워런 버핏은 1930년생으로 아흔을 넘겼다. 투자에 천부적인 재능을 보인 버핏이 젊은 날에 이미 큰 성공을 이룬 것으로 알려져 있지만 그의 재산이 1조 원이 넘은 시기는 50세가 넘어서였다. 차곡차곡 천천히 쌓아 올린 주먹만 한 눈 뭉치에 세월이라는 힘이 더해지자 거대한 눈덩이가 되었다. 눈 뭉치가 눈덩이 크기가 되는 데 시간이 걸리지만 버핏은 조급해하지 않고 묵묵히 자신의 길을 걸어갔다. 천하의 워런 버핏도 좋은 습관을 한 해 한 해 차곡차곡 쌓아 올렸다.

버핏의 핵심 습관은 하루 500페이지의 문서를 읽는 일이다. 어린 시절부터 그는 독서광이었다. 아버지의 서재에 있던 경제 관련 책들을 이미 13세 이전에 모조리 읽어버렸다. 지금도 여전히 하루에 500페이지의 활자를 읽고 있다.

습관을 이어가려면 기복에 시달리지 않아야 한다. 기분 따라 행동이 바뀌면 습관에 시간이라는 곱셈법칙이 적용되지 않는다. 워런 버핏은 평생에 걸쳐 좋은 습관을 복리처럼 쌓았다. 우리가 흔히 말하는 운명이란 습관의 총체이다. 철학의 대명사라 불리는 아리스토텔레스는 "우리가 반복적으로 하는 행동이 우리가 누구인지 말해준다. 그러므로 중요한 것은 행위가 아니라 습관이다"라고 했다. 간헐적 행위도 습관으로 이어져야 더하기가 아닌 곱하기의 위력을 발휘할 수 있다.

인간은 경험하지 않는 일에 대해 두려움을 느낀다. 하지만 한 번 시도해보고, 두 번 경험하고, 세 번 체험하면서 차츰 익숙해지면 특별하게 힘을 들이지 않아도 몸이 자동으로 반복하게 되어 있다. 자전거를 타는 일이 익숙해지면 큰 힘을 들이지 않아도 자연스럽게 발이 페달을 밟고 균형을 잡으며 앞으로 나아가듯이 말이다.

좋은 습관뿐만 아니라 나쁜 습관도 지속되면 단리가 아닌 복리로 쌓여 걷잡을 수 없이 눈덩이처럼 불어난다. 가랑비에도 옷이 젖고 개미 구멍 하나가 큰 제방 둑을 무너뜨린다. 한번 습관으로 몸에 굳어버리면 애쓰지 않아도 자동으로 몸이 움직인다. 습관이 시간이라는 물리적 힘이 만나면 더하기가 아니라 곱하기가 되는 이유가 여기에 있다.

작은 날갯짓이라도 지속적으로 해야 습관이 되어 몸에 착 붙는다. 과거의 습관이 현재의 나를 만들었고, 사소한 습관은 어느새 눈덩이처럼 불어 미래를 만들어간다. 오늘 한 걸음이 내일로 연결된다는 것을 인식하며 작은 눈 뭉치를 묵묵하게 굴리는 꾸준함이 필요하다. 매달 저축하는 돈이 10년, 20년, 30년 후에 복리로 불어나는 것처럼 좋은 습관도 시간이 쌓이면서 복리처럼 불어나 어느 순간 임계점을 넘어선다.

복리의 힘을 누리려면 길게 바라보는 관점이 필요하다. 의식하지 않아도 자동으로 움직이는 습관으로 굳히기 위해서는 많은 시간이 필요하다. 운명은 눈앞에 보이지 않고 서서히 쌓여 그 모습이 드러나기까지 예상보다 긴 기다림이 필요하다.

목표를 달성하는 유일한 힘은 작은 일을 매일 반복하는 것이다. 마감이 허술한 일도 매일 반복하는 작은 일을 무시하는 데서 생긴다. 대형사고가 발생하기 전에 그와 관련된 수많은 경미한 사고와 징후들이 반드시 존재한다는 것을 밝힌 '하인리히의 법칙'은 매일 반복하는 작은 일이 얼마나 큰 위력을 지니는지 말해준다.

허버트 하인리히는 1920년대 미국의 보험회사의 관리자였다. 그는 75,000건의 산업재해를 분석하면서 산업안전에 대한 '1:29:300' 법칙을 주장했다. 산업재해 중에서도 아주 큰 재해가 발생했다면, 그 이전에 이미 29번의 작은 재해가 발생했고 운 좋게 재난은 피했지만 같은 원인으로 사고가 날 뻔한 사건이 300번이었을 것이라는 사실을 밝혀냈다.

하인리히의 법칙은 문제가 되는 현상이나 오류에 대해서 초기에 신속하게 밝혀내고 대처해야 한다는 점을 시사한다. 그렇지 않으면 큰 문제로 이어질 수 있다는 경고다. 작은 일도 반복되면 큰 사고를 일으킨다. 모든 큰 사건에는 작은 징조가 있다. 사소한 징후에 관심을 기울이면 대형사고를 막고 안전을 확보할 수 있다.

마찬가지로 우리의 일상에서도 매일 반복하는 아주 작은 일이 질병을 예방하기도 하고, 큰 성과를 만들기도 한다. 큰 성공도 꼼꼼한 관찰과 기록 같은 습관에서 나온다. 작은 것을 반복하면 누적이 되고 누적된 것은 바꾸기 힘든 운명을 만든다. 눈앞에 이익이 되지 않는다고 복리를 포기하고 단리를 선택할 수는 없다. 습관을 쉽게 만들 수 없듯이 인생도 한 방에 이루어지지 않는다. 더하기가 아닌 곱하기의 힘을 적용하려면 일희일비하기보다 멀리 보는 관점이 필요하다.

공자는 "사람이 멀리 생각하지 않으면 반드시 가까이에 근심이 생긴다"고 했다. 결과다운 결과는 단기전이 아니라 장기전에서 나온다. 인생에서 시간이 하드웨어라면 습관은 하드웨어에서 구동하는 소프트웨어이다. 동일한 시간에 좋은 습관과 나쁜 습관은 공존할 수 없다. 인생이라는 하드웨어에 어떤 소프트웨어를 장착할 것인가.

습관과
운명은
연결되어 있다

자기 전에 내일의 나를 생각하며 몇 가지 루틴을 거친다. 가장 중요한 루틴은 가방을 미리 챙기고 자는 일이다. 아침에 일어나서 허둥지둥 가방을 챙기다 보면 꼭 빠트리는 물건이 생긴다. 가방을 바꿔 들고 나가는 날에는 전에 꺼내지 못한 물건이 들어 있다. 자기 전에 미리 가방을 챙기는 의식은 다음 날 컨디션에 고스란히 영향을 준다.

아침에는 5분만 짬이 생겨도 여유롭다. 간발의 차로 버스나 지하철을 타지 못하거나 교통 신호를 놓칠 수 있는 큰 시간이기 때문이다. 자기 전에 가방을 챙기는 습관이 매일 누적된다면 우리의 삶은 어떤 것과 이어질 수 있을까?

처음 습관을 만드는 일은 제법 괴롭다. 몸에 익숙하지 않아서 신경을 써야 하기 때문이다. 한 달 이상 같은 행동을 반복하면 몸이 기억한다. 자기 전에 가방을 챙기기가 익숙하지 않아도 같은 시간에 알람을 맞춰 놓고 반복한다면 양치하는 습관처럼 몸에 익숙해진다.

가방을 챙기면서 내일 일어날 일에 대한 시뮬레이션을 자연스럽게 하게 된다. 내일의 나를 미리 상상해보고 예측해볼 수 있다. 자기 전 5분만으로 해야 할 일을 선제적으로 대비할 수 있는 것이다. 하루 5분이 한 달 동안 모이면 150분이다. 2시간 30분이라는 시간을 통해 내일의 시행착오를 줄이고 황금 같은 아침시간을 여유롭게 맞이할 수 있다면 생각지도 못한 아이디어가 불쑥 튀어나오기도 한다.

미리 가방을 챙기는 습관 덕분에 아침이 한결 여유로워졌다면 습관 만들기에 대한 인식이 달라질 수 있다. 하루 5

분을 투자해서 하루를 상쾌하게 시작한 경험은 우리 뇌에 다른 새로운 습관에 대한 '방아쇠' 역할을 한다.

습관은 습관을 부른다. 심리적 부담이 크지 않은 선에서 5분을 투자해 좋은 결과를 얻은 것과 같은 습관 만들기에 자꾸 관심이 간다. 5분의 짬이 나도 알차게 활용하는 사람은 매사에 준비돼 있어서 언제 어디서든 좋은 운과 기회를 불러들인다.

미국 전 대통령 버락 오바마는 재임 중에 거의 비슷한 컬러와 같은 핏의 양복만 입었다. 이유는 '결정해야 할 것이 너무 많기 때문에 되도록이면 무엇을 입을지에 대한 고민은 하고 싶지 않아서'였다. 아침에 일어나서 전날 미리 준비해 놓은 옷을 입으면 시간도 절약하고 하루를 상쾌하게 시작할 수 있다. 이것이 습관이 되면 일에 더 집중하는 삶을 살 수 있다.

습관이 몸에 굳으면 루틴이 된다. 루틴은 운명을 만든다. 생활 속 루틴을 개발하고 하루를 규칙화한다면, 어렵다고 생각하는 일도 수월하게 해낼 수 있다. 루틴으로 굳으면 신경을 쓰지 않아도 몸이 알아서 움직인다. 애를 쓰지 않아도 에너지는 적게 쓰고 효율은 극대화할 수 있다. 생활 전반이 바르게 되어 루틴을 해치는 일은 자연스럽게 멀리하게 된다. 좋은 습관이 주는 상쾌함을 이미 경험해 보았기 때문이다. 운명도 좋은 곳을 향해 자연스럽게 방향을 틀게 된다.

반면 나쁜 습관이 몸에 익은 상태라면 나쁜 운명과 서로 이어진다. 기름진 음식을 매일 즐겨 먹는 습관이 있다면 반주를 하게 될 가능성이 크다. 맥주 없는 치킨은 상상할 수 없다. 치킨을 시키면 맥주를 마시게 되고 술자리는 2-3시간 이상 이어질 게 뻔하다. 치킨과 맥주는 성인병으로 이어질 가능성을 높여준다. 치킨이 방아쇠가 되어 맥주를 불러오고 늦게까지 이어지는 술자리와 더부룩한 위장을 선물한다.

한두 번이 아니라 습관으로 굳어진다면 다음 날 좋은 컨디션을 만드는 데 도움이 되지 않는다. 한번 잃은 건강을 되찾는 일은 쉽지 않다. 반주 습관이 체력 저하를 일으키고 질병을 만들어 악운을 불러들인다.

사소한 작은 습관도 방아쇠가 되어 삶에 큰 영향을 미칠 수 있다. 습관과 운명은 서로 연결되어 있기 때문이다. 생각지도 않은 행운이 온다면, 행운이 오는 길목을 좋은 습관으로 다져두었기 때문이다. 행운도 길을 반듯하게 다진 사람에게 가고 싶어 한다는 사실을 잊지 말자.

인생이라는 시간 위에
습관이라는 건축물을 세워라

목표가 생겼다면 환경부터 세팅해야 한다. 환경의 중요성은 아무리 강조해도 지나치지 않기 때문이다. SF소설의 바이블 이자 세계 3대 디스토피아 소설로 꼽히는 『멋진 신세계』의 작가 올더스 헉슬리는 "표면적인 의지가 아무리 강력하고 잘 단련되었다고 해도 환경의 적수는 못 된다"고 했다. 환경 의 중요성, 그 본질을 꿰뚫는 통찰이다. 그렇다면 우리 삶에 서 중요한 환경은 무엇일까? 관습일까? 종교일까? 문화일 까? 아니다. 더 강력한 환경이 있다. 그것은 바로 습관이다.

이 책을 의뢰받고 만나는 사람마다 습관이 무엇인지 물어보았다. 사람의 얼굴이 다르듯이 습관도 사람마다 천차만별이었다. 하지만 공통점은 있었다. 현재의 삶이 그 사람이 지닌 습관의 산물이라는 것이었다.

일정을 촘촘하게, 밀도 있고 계획적으로 짜서 많은 일을 해치우는 습관이 있는 사람은 40대의 나이에 이미 업계에서 서로 모셔가려는 실력자로 통한다. 40년을 그렇게 지내왔으니 당연한 결과일지도 모른다. 하루에 두 번 청소하는 습관이 몸에 밴 사람은 고양이 여섯 마리를 키워도 집에 먼지 한 톨 보이지 않을 정도로 청결함을 유지한다.

왜 한 분야의 대가가 된 사람들의 습관을 다루는 책이 항상 베스트셀러가 되겠는가? 그만큼 좋은 습관의 효과가 탁월하기 때문이다. 좋은 습관에 삶을 얽매이게 하면 결과는 시간이 알아서 해결해준다. 무능의 쳇바퀴에서 벗어나고 싶다면 매일 무슨 일을 하면서 시간을 가장 많이 보내는지부터 체크해야 한다.

좋은 습관을 만드는 일은 스스로 경계를 세우는 일이다. 인생이라는 시간 위에 단단한 경계를 세우는 일부터 시작하면 습관이라는 건축물은 쉽게 무너지지 않는다. 괴테는 "위대한 자는 자신을 통제할 수 있어야 한다"고 했다. 통제의 첫걸음, 좋은 습관 만들기부터 시작해보자.

강의 시간에 수강생분들에게 질문을 하나 했다.

"스마트폰을 하루에 1시간 이상 보는 대신 다른 걸 했다면 삶이 어떻게 바뀌었을까?"

대부분 피처폰에서 스마트폰으로 교체한 시기가 2009년부터 2011년 사이로 비슷했다. 그로부터 10년이 훌쩍 지났다. 하루에 1시간이면 한 달이면 30시간, 1년이면 360시간, 10년이면 3,600시간이다. 3,600시간으로 우리는 무엇을 할 수 있었을까?

테트리스를 처음 접한 건 국민학교 때로 기억한다. 내가 학교를 다니던 때는 초등학교가 아닌 국민학교였다. 우리 집에 게임기가 생겼는데 게임팩 하나에 무려 64개의 게임이 들어 있었다. 난 바로 테트리스에 빠졌다. 세상이 모두 막대기로 보일 만큼 나의 주의를 온통 테트리스에게 빼앗겼다. 학교에 가서도 내내 테트리스 생각뿐이었다.

현대의 테트리스는 스마트폰이다. 이 작은 물건은 우리의 주의를 무한정 빼앗는다. 유튜브를 한번 접속하면 추천 영상까지 1시간은 기본으로 날아간다. 유튜브를 보는 1시간 대신 삶의 목표에 필요한 습관을 만드는 1시간이라면 우리 삶은 어떻게 변화할까? 이런 시간을 10년을 보낸다면? 이것이 내가 수강생분들에게 질문하고 싶은 것이었다. 그날 이후 수강생분들은 소셜미디어 앱을 삭제했다.

소셜미디어는 나의 삶에 집중하지 못하게 한다. 나와 아무런 상관없는 셀럽이나 인플루언서의 게시물을 보는 건 우리 삶에 전혀 중요한 문제가 아니다. 게다가 소셜미디어에 올라오는 그들의 게시물을 보면 광고를 피할 수 없다.

소셜미디어가 주는 자극에서 벗어나지 못한다면 내 삶을 스스로 운전하지 못한다. 좋은 습관을 만들 시간은커녕 나의 주의와 에너지와 시간마저 몽땅 빼앗긴다. 사람들은 스마트폰을 하루 평균 100회 이상 확인하고 2천 번 이상 만지작거린다고 한다. 우리는 하루에 무엇을 100회 반복하는가? 어떤 물건을 2천 번 이상 만지작거리는가? 그것이 삶의 중요한 목표와 관련이 있는가?

하루 종일 스마트폰을 만지작거리는 행위는 좋은 습관과 삶을 단절시키는 1등 공신이다. 시간만 빼앗기는 것이 아니라 우리는 자유를 도둑맞는다. 알게 모르게 우리의 생각을 조종하고, 가치관을 주입당하며, 우리가 원하는 삶으로부터 멀어지게 한다. 오늘은 눈을 감고 한번 생각하는 시간을 가져보자. 내가 진정 원하는 삶의 모습은 어떤 것인가? 그것이 명확하다면 습관부터 설계하자.

그리스 노예 출신의 철학자 디오게네스는, 세계를 정복한 알렉산드로스 대왕이 소원을 들어주겠다며 찾아오자 "삶을 살아가기 위해서는 적당한 구속이 필요하다"며 햇빛이나 가리지 말라고 일갈했다.

적당한 구속, 그것은 바로 좋은 습관에 내 삶을 얽매이게 하는 것이다. 인간은 습관의 동물이지 않은가. 어제 한 일을 오늘도 하고, 오늘 한 일을 내일도 계속한다면, 기왕이면 삶의 목표에 다가가는 일을 해야 하지 않겠는가.

인생은
습관 만들기의
실험실

나는 지금까지 6권의 책을 썼다. 지금 이 책은 7번째 책이다. 내게는 지금 당장은 아니지만 언젠가는 쓸 주제를 모아두는 '키워드 아카이브'가 있다. 아이디어가 휘발되지 않도록 생각날 때마다 기록해두는데, 가나다순으로 일목요연하게 정리되어 있지는 않지만 필요할 때 언제든 꺼내 쓸 수 있는 책 쓰기 재료 저장고이다.

키워드 수집 방법은 거의 반-자동화가 되어 있다. 언젠가 쓰일 것 같은 키워드는 어디에든 저장해둔다. 스마트폰, 다

이어리, 노트북에 일단 메모부터 한다. 실제로 메모장을 뒤적이다 오래전에 저장해둔 키워드를 보며 아이디어의 실마리가 술술 풀린 경험을 자주 한다. 그래서 글쓰기용 재료가 바닥나지 않는다. 인생은 습관 만들기의 실험실이다. 언제가는 쓰일 키워드나 문장을 저장하는 데 1분도 걸리지 않는다. 하루 1분을 투자해서 아이디어 저장 창고를 만들어두면 냉장고에 저장해둔 재료로 요리를 뚝딱 만들듯 책을 쓸 재료를 언제든 꺼내 쓸 수 있다.

아이디어는 특별하지 않다. 우리가 무심코 지나치는 수많은 상황과 감정, 생각이 아이디어가 된다. 하지만 이 아이디어를 떠올릴 수 있는 키워드를 저장해두느냐 마느냐의 습관은 아이디어를 아이디어만으로 남기지 않고 실제로 활용 가능한 콘텐츠로 만드는 매개가 된다.

책을 읽다가 마음에 쏙 드는 문장을 발견하면 그냥 두지 않는다. 나만의 문장 아카이브에 반드시 저장해놓아야 한다. 마음에 쏙 들어오는 문장을 발견한 그 순간은 자주 오지 않는다. 한번 놓치면 그대로 다른 은하계로 사라져서 다시는 돌아오지 않을지도 모른다. 순간을 포착하고 그때의 감동을 메모하는 것도 잊지 않는다. 이런 문장들이 쌓여 산책을 하거나 운동을 할 때 불현듯 내 생각과 융합되어 책을 쓸 문장이나 목차로, 타이틀로 탄생한다.

기가 막힌 아이디어도 평소 습관의 부산물이다. 아이디어의 저장고에 물이 찰랑찰랑 넘치도록 쏟아부으면 그다음은 흘러넘치게 되기 마련이다. 불현듯 나에게 다가온 키워드와 문장을 어떻게 다룰 것인가? 일목요연한 정리에 초점을 두었다면 내 기질로는 벌써 나가떨어졌을 확률이 높다. 정리에 소질이 없고 정리 자체에 스트레스를 받기 때문이다.

일목요연한 저장고보다 중요한 것은 언제든 꺼내 보고, 활용할 수 있는 시의성이다. 오히려 나에게는 이런 불규칙적인 저장 상태가 아이디어를 도출하는 데 자극이 된다. 인생이 습관 만들기의 실험실이라면 자신에게 가장 알맞은 습관을 몸에 장착하는 과정에서 많은 것을 배울 수 있다. 자신이 어떤 사람인지도 자세하게 알아간다. 습관은 많은 것을 깨닫게 하고, 많은 것을 변화하게 했다.

나는 미루는 습관, 중도에 포기하는 습관, 부정적인 마음 습관, 게으른 행동 습관을 고쳐나가면서 내가 어떤 사람인지 구체적으로 알아갔다. 나는 사람은 변화할 수 있다고 믿는다. 이것은 45년 동안 내가 경험한 것이다. 인생은 의외로 길다. 앞으로는 더 길어질 것이다. 습관이라는 실험실을 가동하자. 어떤 습관이 내 몸에 착 붙어 놀라운 변화를 가져다줄지 기대하면서 말이다.

하루 1%,
15분 동안
무엇을 할 것인가

습관은 하루아침에 만들어지지 않는다. 오랜 시간 몸으로 마음으로 차근차근 배어든다. 그래서 한 번 굳은 습관을 바꾸기란 참 어렵다. 습관을 바꾸기 위해서는 뇌의 신경회로를 전면 재배치해야 하기 때문이다.

올해로 독서를 한 지 15년이 되었다. 15년 동안 책은 삶에 스며들었다. 독서를 하니 명확한 가치가 생겼고, 목표가 생기고, 새로운 길이 열리고 그 길을 또 다른 길을 만든다. 이 과정이 한순간에 이루어지지 않았다. 15년이란 세월이 필요했다.

15년 전 나는 직장을 퇴사하고 사업을 하려고 준비하고 있었다. 하지만 사업은 매일 문제 발생과 해결의 연속이었다. 주위에 물어볼 사람도 없고, 배울 만한 사람도 없었다. 단 한 줄기의 경험과 티끌만 한 지혜라도 간절하게 필요하던 시절이었다.

그래서 자연스럽게 책을 찾게 되었다. 물론 하루 종일 책상에 앉아 독서를 한 것은 아니다. 다만 하루 24시간의 1%의 시간이라도 짬이 생기면 책을 들여다보았다. 그렇게 독서하는 습관이 생겼다.

사업의 노하우를 얻기 위해 펼친 책에는 내가 알지 못했던 또 다른 세상이 있었다. 독서를 하면서 내 재능의 영역과 아닌 영역이 무엇인지 알게 되었다. 또한 내가 누구인지, 내가 할 수 있는 것과 할 수 없는 것을 구분하고, 그동안 어렴풋이 느껴왔던 문제들의 원인이 무엇인지 깊이 생각해볼 기회를 얻을 수 있었다.

태어나서 처음으로 주체적으로, 생각다운 생각이란 걸 하기 시작했다. 그렇게 독서 시간은 차츰 늘어나고 책은 이제 나와 떼려야 뗄 수 없는 관계가 되었다. 하루 24시간의 1%, 15분이라는 시간을 활용해서 시작한 책 읽기가 생활의 전부가 되기까지 7년이란 시간이 걸렸다. 2007년에 사업을 위해 펼친 책이 2014년 전업작가라는 결과를 낳았다. 그 후로 6권의 책을 출간했다.

독서의 기록을 담은 블로그를 시작했고, 하루 3개의 포스팅을 했다. 포스팅 하나를 쓰는 데 15분을 넘기지 않으려고 했다. 혼신의 힘을 다해 블로그를 했다면 얼마 안 가서 포기하고 말았을 것이다. 블로그를 하다 보니 독서 커뮤니티를 만들게 되었고, 강연을 하게 되었고, 강연 콘텐츠가 쌓이자 유튜브를 운영할 수 있게 되었다. 유튜브 채널 구독자가 만 명 단위로 늘어나자 강연과 집필 의뢰가 계속되는 선순환에 접어들었다.

모든 것의 시작은 15년 전 하루 1%의 시간, 15분이라도 짬이 나면 책을 펼쳐보는 습관에서 출발했다. 책을 펼칠 시간이 없으면 오디오북을 활용했다. 가랑비에 옷 젖는 줄 모르듯이 그렇게 인생은 천천히 변화하고 있었다.

삶은 예측하기가 어렵다. 책을 처음으로 펼쳐보기 시작한 날, 내가 전업작가가 될 줄은 상상도 하지 못했다. 글을 쓰는 훈련을 받아본 적 없고, 문예창작과 출신도 아니고, 글과 관련된 일을 해본 경험도 없다. 다만 틈새 시간이라도 책을 가까이 하기 위해 하루 1%의 시간과 에너지를 투자했을 뿐이다. 그게 시작이었다.

인간은 성장을 하면서 많은 문을 통과해야 한다. 열기 쉬운 문도 있지만 도저히 애를 써도 열리지 않는 1톤 무게의 문도 있다. 그럴 때는 문고리를 잡고 아주 조금만, 1%의 힘을 써서 밀어보자. 안에서 당겨주는 사람이 있다면 쉽게 문을 열 수 있을지도 모른다. 당겨주는 사람이 없다면 내일은 2%의 힘으로 문을 밀어보자. 문을 힘차게 당겨주는 사람이 나타날지도 모른다. 1%의 시간과 에너지를 쓰지 않아서 아예 문을 열 시도조차 하지 않는다면 그 문은 영원히 열리지 않을 것이다.

하루 24시간의 1%, 15분의 짬이 생긴다면 무엇을 할 것인가? 습관이 한 번 몸에 각인되면 최소한 30년을 함께한다. 하루 1%의 시간에 담배를 피울 수도 있고, 맥주를 홀짝일 수도 있다. 그깟 담배 한 대, 맥주 한 캔이 무슨 대수냐고 여길지도 모른다. 다만 행동이 습관으로 굳으면 평생 담배를 피우고 평생 맥주를 마시게 된다.

더 무시무시한 것은 습관에도 내성이 생겨서 하루 한 대로 시작한 흡연량이 한 갑으로 늘어나고 자기 전 맥주 한 캔으로 시작한 음주가 과음으로 이어질 가능성이 크다. 하루 1%의 시간과 에너지를 들여 시작한 습관이 30년 동안 누적된다면 우리 삶은 어디로 흘러가게 될까? 우리는 하루 1%의 시간을 어떤 습관을 만드는 데 사용하고 있을까?

전적으로
탁월한 습관에
의존하라

자기 통제력이 있는 사람을 살펴보면, 엄청난 의지력을 발휘할 줄 아는 사람 같지만 의지력을 발휘할 필요가 없도록 삶을 구조화한 사람들이다. 매번 의지력을 사용하면 뇌가 피곤하다. 인간의 뇌는 엄청나게 게으르다. 이것이 우리의 본성이라는 것을 이해하고 넘어가야 한다. '나는 왜 이렇게 의지력이 약할까?'를 탓하면 안 된다. 우리는 원래 의지력이 약하다. 의지력을 사용하려는 순간 지는 게임을 시작하는 셈이다. 모든 일이 계획대로 되지 않듯이 의지대로 되지 않는다.

무엇보다 인생을 스스로의 힘으로 장악하려면 의지보다는 몸에 익은 구조, 즉 습관에 의지하는 것이 좋다. 습관은 의지력보다 에너지를 덜 쓰게 하는 효율적인 시스템이기 때문이다. 오븐을 쓰려면 예열하는 시간이 필요하다. 오븐을 이용해서 하는 요리가 에너지 효율이 좋지 않은 이유가 예열 때문이다. 공회전 시간이 필요한 오븐 요리는 그만큼 불필요한 에너지가 줄줄 새면서 시작하는 셈이다. 의지력을 사용하는 것은 오븐의 예열 시간이다. 의지력은 뇌의 공회전을 수반한다.

하지만 습관은 예열 시간이 필요하지 않다. 이미 구조화된 시스템으로 몸에 자리 잡았기 때문에 에너지 낭비가 없다.

대기업이 천문학적인 액수의 매출을 꾸준히 벌어들일 수 있는 이유는 구조화된 시스템 덕분이다. 탄탄한 시스템 덕에 이미 이겨놓고 전쟁을 치르는 셈이다. 대대로 이어온 맛집은 따로 요란한 마케팅을 할 필요가 없다. 오히려 단골손님을 잃을까봐 미디어에 언급되는 걸 상당히 조심스러워 한다. 진짜 유명한 사람은 소셜미디어에 신경 쓰지 않는다. 스스로를 홍보하지 않아도 주위에서 알아서 홍보해주기 때문이다.

사람들은 관성에 따라 행동한다. 우리 뇌의 무게는 1.4kg 에 불과하지만 에너지는 전체 칼로리의 25%를 쓴다. 인간의 뇌는 필요 이상으로 에너지를 쓰는 일을 선호하지 않는다. 새로운 습관이라는 뇌의 시스템을 만들려면 어마어마한 에너지가 필요하다. 새로운 신경회로를 만들어야 하기 때문이다.

매일 늦게 자고, 정크푸드를 먹고, 움직이기 싫어하는 시스템을 몸에 장착했다면 인생의 결과도 그대로다. 성과는 없고, 이유 없이 신경질이 나고, 체중은 계속 불어나고, 건강은 점점 악화될 것이다.

나쁜 습관이라는 시스템을 삶의 소프트웨어로 선택한다면 이 습성은 천천히 인생을 집어삼킬 것이다. 지금 거울을 보자. 얼굴은 푸석하고, 복부 비만으로 허리가 실종되고, 인상이 울상이라면 나쁜 소프트웨어를 시스템에 장착시킨 결과다. 여기서 멈춰야 한다. 나쁜 습관이라는 시스템을 인생에 적용시키면 푸석한 얼굴은 흙빛으로 진화한다. 복부 비만은 곧 당뇨나 고혈압 같은 대사 질환 질병으로 나타난다. 인상이 울상이라면 누가 내 얼굴을 보고 싶어 하겠는가? 사람은 습관에 의존해서 삶을 살아간다. 나쁜 습관이 아닌 탁월한 습관에 의존한다는 건 스스로의 삶에 대한 통제권을 쥐는 일이다.

지난해 우리나라에서 팔린 1억 5천만 원 이상의 고가 수입 차량 가운데 78%는 법인이 구매했다. 문제는 고가의 차량을 법인으로 등록해 절세 혜택을 받으면서 개인 용도로 사용했다는 점이다. 원인은 시스템에 있었다. 법인차량이든 개인차량이든 똑같이 흰색 번호판을 쓰기 때문에 구분하기 어렵다는 맹점이 있다. 따라서 정부는 올해 하반기부터 법인차량 전용 번호판을 만든다. 흰색이 아닌 연두색의, 눈에 띄는 법인 번호판을 부착한 차량을 개인용으로 쓰면 눈치를 봐야 하는 상황을 구조적으로 만든 것이다.

아직 실행되지 않아서 효과를 볼지는 미지수이지만 번호판 색으로 법인차량을 구분할 수 있다는 것만으로 사적 이용을 어느 정도는 막을 수 있을 것으로 기대하고 있다.

목표는 한 번 달성하면 끝이지만 시스템은 한 번 적용되면 장기적으로 지속할 수 있다. 결과를 담보하는 것은 목표가 아닌 기저에 깔린 구조적인 힘, 즉 시스템의 작동이다. 결과를 내는 수많은 원인을 분석해보면 결국에는 탁월한 시스템이 지속적으로 작동했다는 것을 알 수 있다. 인생도 마찬가지다. 우리는 어떤 것에 의존할 것인가? 지갑 속 현금처럼 쓰고 나면 없어지는 의지력에 기댈 것인가, 아니면 지속적으로 탁월한 결과를 내는 탁월한 습관의 힘에 기댈 것인가?

실패를 두려워하지 말자.
완벽하지 않아도
시도하는 과정을 통해 우리는 목표에 다가선다.
완벽을 추구하면 금세 지쳐 나가떨어지지만
완벽하지 않은 나를 인정하면 두려울 것이 없다.
인생은 긴 여정이고,
이 여정은 실패라는 과정을 통해 습관을 굳히고,
습관은 운명을 쥐고 흔든다.

2장

새로운 습관을
내 것으로 만드는 방법

습관은 시간 그 자체,
시간은 인생 그 자체

습관이란 인생 전체를 아우르는 일정이다. 나는 은퇴하고 싶지 않다. 평생 글을 쓰는 사람이고 싶다. 평생 글을 쓰려면 어떤 습관이 필요할까? 독특한 관점이 필요하다. 사물을 보는 자신만의 관점 없이는 책을 쓰기가 힘들다. 우리가 관심 있어 하는 주제는 이미 출판되었다. 대다수의 사람들과 비슷한 관점으로 글을 쓰는 건 작가가 아니라도 누구나 할 수 있다. 관점의 관성으로부터 벗어나야 독특하고 창의적인 글을 쓸 수 있다. 그렇다면 관점의 관성은 어떻게 벗어날 수 있을까?

입체적 독서로 관점을 확장할 필요가 있다. 입체적 독서란 하나의 생각을 키우는 독서가 아닌, 100층의 시야에서 바라보는 것과 같은 입체적인 관점을 키우는 독서를 말한다. 입체적 독서를 하려면 다독도 중요하지만 다양한 분야의 책을 균형적으로 읽는 독서 습관이 필요하다.

음식도 좋아하는 것만 먹는 편식에 쉽게 빠지듯이 독서도 마찬가지다. 대부분 독서하는 사람들은 선호하는 분야의 책만 읽는다. 문학을 선호하는 사람은 문학과 에세이만 읽는 경향이 있고, 비문학을 선호하는 사람은 문학은 읽지 않는다. 문과생은 이공계 분야 도서는 보지 않고 이공계생도 문학을 읽지 않는 경향이 있다.

아예 책을 읽지 않는 것보다는 낫지만 한 분야의 책만 읽으면 관점이 고정된다. 세상을 바라보는 관점의 폭이 좁아지면 남다른 생각을 하기가 어렵다. 독특한 나만의 관점을 키우기 위해서는 입체적인 독서가 필요한데 이게 습관으로 정착되지 않으면 금방 편식하듯이 좋아하는 분야의 책만 붙들고 있게 된다.

눈에 착착, 마음에 콕콕 박히는 책만 읽으면 자기 객관화가 쉽게 되지 않는다. 새로운 시각으로 세상과 나 자신을 바라볼 수 있도록 하는 가장 좋은 방법이 독서인데, 평소에 익숙했던 관점만 쌓는다면 어떻게 독특하고 창의적인 시각을 얻을 수 있겠는가. 입체적 독서의 가장 큰 이점은 자신을 입체적인 관점으로 바라보면서 자기 객관화가 가능하다는 것이다.

자기 객관화란 있는 그대로의 자기 자신, 내가 바라는 자신, 남들이 보는 자신과의 차이를 이해하는 것을 의미한다. 정신적으로 건강한 사람은 자신을 객관화하는 능력을 가지고 있다. 내 생각에서 벗어나 3인칭의 관점에서 자신을 바라볼 줄 아는 사람은, 내가 할 수 있는 것과 할 수 없는 것을 뚜렷하게 구분할 줄 안다. 또한 자신이 아는 것과 모르는 것을 구분하고, 능력과 실력 또한 객관적인 관점에서 바라본다.

이런 관점이 생기면 자신을 과도하게 부풀리지 않고 현실적으로 바라볼 수 있다. 근거 없는 자신감으로 인한 폐해를 막는 동시에 자신을 필요 이상으로 축소해서 보지 않기 때문에 남들의 평가에 집착하지 않는다. 그래서 주도적으로 자신의 삶을 이끌고 나갈수 있다. 입체적 독서를 하는 습관 하나로 인생을 남에게 끌려다니지 않고 주도적으로 살 수 있다면 반드시 입체적 독서를 체계적으로 습관화해야 한다. 삶의 큰 비극 중 하나가 자신의 의지가 아닌 세상의 평판에 이리저리 흔들리는 것이다.

나는 일부러 서점에 갈 때 자연과학 코너부터 들른다. 그렇지 않으면 자연과학책은 전혀 읽지 않을 게 뻔하다. 그다음은 기술과학이다. 그다음은 사회과학이다. 자주 가는 서점에 들어가면 곧바로 자연과학, 기술과학, 사회과학 코너로 직진한다. 평소에 좋아하는 분야는 가급적 눈길을 주지 않는다. 이렇게 하다 보니 점차 낯선 분야가 친숙해지고 생각의 체질에도 변화가 보인다.

그동안 입체적이고 균형적인 독서를 위해 일부러 발길 순서를 바꿔놓은 습관이 변화를 촉진하고 있다는 것을 느낀다. 뼛속까지 문과생이라고 믿었던 자신을 의심하는 일도 생겼다. 나는 논리적인 사고에 어울리는 이과형 인간일지도 모른다는 생각까지 하게 되었다. 이 습관이 성과나 결과의 형태로 진화하기까지 얼마나 시간이 걸릴지는 모르겠지만 이 변화의 여정을 고통스럽지 않게 즐기게 되었다.

　습관을 설계까지 하면서 만들어야 하나? 이런 생각이 들기도 할 것이다. 하지만 수포자였던 내가 진지하게 수학공부를 하고 싶을 정도로 습관 설계는 강력한 힘을 발휘한다. 이제 수학의 시선에서 세상을 바라보는 관점이 조금 생겼다. 수학의 아름다움, 수학의 위대함, 수학의 역사, 수학자의 내면에 대해 알아보고 생각해보고, 지금까지의 경험과 중첩해보니 '이토록 경이로운 수학을 모르고 죽었더라면 얼마나 억울했을까'라는 생각까지 든다.

　수포자였던 과거의 나와 화해도 하게 되었다. 수학에 응어리진 마음을 풀고 시험을 벗어난 진짜 수학을 만나려고 일부러 습관을 설계한 덕분이다. 서점에 들어갈 때 자연과학 코너로 직진한 내 발을 어루만져주고 싶다.

　습관 설계는 1만 시간의 법칙과 관련이 있다. 어떤 사람은 1만 시간의 법칙이 무조건 한 분야에서 1만 시간을 노력하면 대가가 될 수 있다고 생각하는데, 정교한 습관 설계를 통해 의미 있는 코칭을 받으며 1만 시간을 보내야만 대가가 될 수 있다는 내용이다. 인생에서 가장 중요한 시간을 체계적인 습관 설계 대신 주먹구구식으로 보낸다면 10만 시간을 들여도 원하는 결과가 나타나지 않을 가능성이 크다.

습관을 만드는 데는 시간이란 자원이 필요하다. 1만 시간이라는 어마어마한 시간을 치밀한 습관 설계에 쓰는 대신 마구잡이식 노력으로 보낸다면 어떤 결과가 나타날까? 체계적인 습관 설계 없이도 혼자 주먹구구식으로 노력해서 성공할 수 있다고 믿는 것은 순진한 생각이다. 습관 설계는 습관에 상상력과 아이디어를 더하면서 인생의 목표를 향한 큰 그림을 그려볼 수 있다는 장점도 있다. 습관을 운에 맡기지 말라. 체계적인 전략과 치밀한 계획이 필요하다. 습관은 시간 그 자체이고 시간은 인생 그 자체이기 때문이다.

완벽하지 않은
자신을
인정하자

습관을 오래 유지할 수 있는 비결이 있을까? 1209일째 새벽 4시 반 기상을 할 수 있는 비결은 뭘까? 내가 운영하는 커뮤니티에 1209일째 새벽 4시 반 기상을 실천하고 인증하는 분이 계신다. 하루도 빠짐없이 새벽 4시 30분이 되면 기상 인증 게시물이 올라온다. 단체필사 리더도 맡고 계셔서 기상 인증 후에는 새벽 단체필사를 이끄신다.

아침잠이 많은 나는 그 비결이 궁금해서 혹시 특별한 비결이 있는지 물었다. 의외의 답변이 돌아왔다. 새벽에 인증 게시

글을 올리고, 단체필사를 한 다음에 다시 잠을 잘 때도 있었다는 것이다. 새벽 4시 반에 일어나서 다시 잘 수 없이 계속 깨어 있어야 한다면 1209일 동안 지속하지 못했을 거라며, 완벽하지는 않지만 지속하자는 마음으로 한다고 하셨다. 처음부터 모든 것을 완벽하게 이루려고 하지 않고 차츰차츰 몸에 습관을 들여나간 것이다.

인간은 완벽하지 않은 존재다. 아무리 건강하고 자신과의 약속을 잘 지키는 사람이더라도 도저히 새벽에 일어날 수 없을 만큼 피곤한 날이 있기 마련이다. 살다 보면 예외가 생기기 마련이다. 아무리 결심을 단단히 하고 미라클 모닝을 다짐해도 이런저런 예상치 못한 일이 일어난다.

중요한 건 그럼에도 불구하고 그만두지 않는 것이다. 하루 이틀은 빼먹을 수도 있다고 미리 상정해둬야 다시 습관을 실천하고 지속할 수 있다. 습관 들이기에 실패할 때도 있고, 게으른 내 행동에 실망할 때도 있다. 그럴 때마다 크게 좌절해서 아예 의욕이 꺾여버린다면 삶은 성장하지 못한 채 제자리만 뱅뱅 돌게 된다.

인생은 원래 계획대로 되지 않는다. 완벽주의 성향은 중도 포기를 부르는 지름길이다. 하루 이틀 계획을 지키지 못했다고 중단할 필요는 없다. 완벽주의는 실패에 대한 면역력이 낮다. 사람이 완벽할 수 없다는 것을 받아들이자. 불완전함도 우리의 일부분이다.

완벽주의에 빠지면 실패에 대한 공포나 두려움 때문에 새로운 시도를 하는 것 자체를 꺼리게 된다. 하지만 작은 실패를 계속해봐야 실패에 굴하지 않는 내성이 생기고 일상에 변화가 오기 시작한다. 잘 해내지 못하던 일이라도 반복적으로 지속한다면 결국에는 숙달되어서 누구보다 잘 해낼 수 있게 된다. 어떤 일이든 숙달되는 과정이 필요하다. 처음부터 잘하는 사람은 아무도 없다. 실패는 성취로 나아가는 필수 과정이다.

완벽하게 해내지 못한다 해도 괜찮다. 중요한 건 그럼에도 불구하고 지속해 나가는 실행력이다. 자꾸 실패를 맛본 사람은 도전하는 데 두려움이 없다. 실패를 보는 관점이 다르기 때문이다. 완벽주의 성향이 있는 사람은 단 한 번의 실패에도 꼬꾸라지고 다시는 재기를 하지 못하는 경우를 보기도 한다.

세기의 라이벌인 초한지의 영웅 항우와 유방은 태생부터 달랐다. 항우는 뿌리 깊은 무장 귀족 집안에서 태어나 실패를 모르고 승승장구했지만 유방은 평범한 농민 출신이었다. 항우는 전쟁에서도 항상 승리하여 실패를 맛본 적이 없었다. 반면 유방은 부하에게 배신도 당하고 근거지를 잃어버릴 뻔한 위기에 처하는 등 우여곡절을 겪었다. 항우의 군사적 실력은 중국사에서 최고라고 불릴 만큼 패배를 모르던 장수였다. 항우는 완벽주의 성향의 인물이다. 평생 전쟁터에서 패한 적은 단 한 번뿐이다. 하지만 그 단 한 번의 패배로 항우는 자결을 택한다.

유방은 산전수전 공중전까지 겪으며 실패에 굴하지 않는 내공을 다졌다. 사람 보는 눈을 키워 주변에 충신을 두는 정치력을 발휘했다. 결국 마지막 전투였던 해하에서 항우의 군대를 이기고 유방은 대륙의 패권을 차지하게 된다. 숱한 실패를 겪으면서도 실패를 실패로 보지 않고 과정으로 여겼던 유방과 단 한 번의 패배도 자신에게 허락하지 않았던 완벽주의 성향의 항우를 보면서 많은 것을 생각하게 된다.

스스로의 미숙함을 인정하고 매일 한 걸음씩 전진해가는 실행력이 있는 사람은 몇 번의 실패에도 기죽지 않는다. 오히려 그 과정에서 수많은 깨달음을 얻을 수 있었다는 것에 감사한다. 이런 배포에 사람들이 매력을 느끼고 도와주려고 해서 주변을 내 편으로 만들 수 있다.

완벽주의 성향을 가진 사람은 주변의 칭찬에 자존감을 의탁하기 때문에 사람들에게 휘둘리기 쉽고 리더십을 충분히 발휘하지 못할 가능성이 커진다. 또한 도전을 두려워하기 때문에 안전지대에서 한 발자국도 떠나고 싶어 하지 않는다.

습관을 만들려면 숱한 실패의 과정을 거쳐야 한다. 외국어를 배울 때 완벽하지 못한 외국어가 부끄러워 단 한마디도 입 밖으로 내뱉지 않는다면 회화 실력이 늘지 않는다. 꿀 먹은 벙어리처럼 하고 싶은 말 한마디 하지 못한 채 자리를 황급히 뜬다.

실패를 두려워하지 않는 사람은 완벽하지 않은 말이라도 내뱉고 본다. 뜻만 통하면 된다. 이런 과정을 통해 외국어에 친숙해진다. 완벽을 추구하면 금세 지쳐 나가떨어지지만 완

벽하지 않은 나를 인정하면 두려울 것이 없다. 인생은 긴 여정

이고, 이 여정은 실패라는 과정으로 이루어져 습관을 굳히고,

습관은 운명을 쥐고 흔든다.

계단이 낮아야
올라가기 쉽다

습관을 새로 만들고 싶을 때는 가장 단순하고 가장 쉬운 것부터 시작해야 지속성이 생긴다. 워런 버핏은 넘지 못할 2m의 장대를 넘으려고 애쓰느니 차라리 자신이 넘을 수 있는 30cm의 막대를 주위에서 찾아보겠다고 했다.

습관의 적은 감정이다. 인생에서 한 방에 이루어지는 것이 없듯이 성장도 한순간에 이루어지지 않는다. 조급한 마음은 기복을 부르고, 기복은 많은 에너지를 소모시킨다. 기복을 줄이고 꾸준함의 힘을 기르려면 먼저 쉽게 올라갈 수 있는 낮은 계단을 발견하고 작은 한 걸음을 실행에 옮기자.

마음의 부담을 덜고 심리적 장벽을 낮추려면 일단 시작하는 데 힘이 들지 않아야 한다. 넘지 못할 2m의 장대는 쳐다보지 말자. 그런 부담스러운 목표는 신경 쓰지 않아도 된다. 우리가 목표로 삼아야 할 것은 가뿐하게 넘을 수 있는 30cm의 막대이다. 30cm의 막대를 일주일을 넘다 보면 2m의 장대가 된다. 남들이 2m의 장대를 하루에 넘는다 해도 자신과 비교하지 말자. 비교는 나에게 유죄판결을 내리는 행위이다.

책 쓰기에서의 낮은 계단은 딱 한 문장을 쓰는 일이다. 계단이 높고 가파르면 사람은 쉽게 의욕을 상실한다. 마음에 부담감이 쌓여 올라갈 엄두가 나지 않기 때문이다. 하지만 낮은 계단으로 이루어진 경사는 쉽게 올라갈 수 있다. 딱 한 걸음을 내딛는 일이 가장 중요하다.

시작을 해야 뭐라도 나온다. 그래서 처음 시작할 때는 무조건 낮은 계단을 찾아야 한다. 등산은 못해도 언덕에 올라가기는 쉽다. 기필코 완성하겠다고 생각하지 말고 딱 한 문장을 써야겠다고 시작하면 책 쓰기의 허들을 낮출 수 있다.

명색이 전업작가인데 글을 쓰는 것 자체가 싫은 날이 자주 온다. 한 문장도 써지지 않는 날은 대체로 명문장을 쓰겠다는 의지가 활활 타오르거나 대작을 써야겠다는 생각에 사로잡힐 때이다. 이런 날은 부담감에 꼼짝하지 못한 채 키보드에 손을 올려놓는 자체가 힘들다.

사람은 누구나 슬럼프에 시달린다. 그런 날은 처음 한 문장만 쓰자고 스스로에게 주문을 걸어본다. 딱 한 문장만 쓰자고. 부담감을 이기고 문장을 쓰기 시작하면 신기하게도 다음 문장으로 이어진다. 어쩌다가 글이 술술 풀리기도 한다. 일단 써야 한다. 그래야 다음 스텝으로 이어진다. 딱 한 문장의 스몰 스텝이 다음 스텝을 만든다.

진정한 예술가가 되려면 먼저 어설퍼도 예술 비슷한 것을 많이, 자주 창조해봐야 한다. 명문장을 쓰려면 명문장에 비슷한 것을 아주 많이 자주 써봐야 한다. 작은 행동이 습관을 만드는 스위치를 켜준다.

책을 쓰다가 더 이상 아무 생각이 나지 않으면 나만의 아무 말 대잔치를 시작한다. 의식의 흐름대로 아무 말이나 써 나간다. 그러다 보면 영감도 떠오르고 글을 쓰는 감각도 되돌아온다. 일기를 쓰듯 부담 없이 아무 말 대잔치를 하는 건 높게만 보이던 계단을 낮추는 효과가 있다. 아무 말 대잔치도 퇴고를 통해 옥고로 거듭날 수 있다는 생각을 하면 부담 없이 글쓰기를 시작할 수 있다.

워런 버핏이 언급한 내가 넘을 수 있는 30cm의 막대기는 아무 말 대잔치다. 매일 아무 말 대잔치를 시작하면 어느새 책 한 권 분량의 원고가 쌓인다.

일상 속에서
작은 성공을
이루어라

우리는 어제 한 일을 오늘도 한다. 한번 관성에 빠지면 인간은 관성의 노예가 된다. 관성은 쉽게 벗어날 수 없이 강력하다. 습관은 관성의 다른 이름이다. 습관은 뭉치는 힘이 있다. 어제 했던 일을 오늘도 하는 건 쉬운 일이다. 한번 습관을 만들면 급격하게 환경이 바뀌지 않는 한 10년 이상 지속할 가능성이 크다. 10년 이상 지속한 습관은 바꾸기가 힘들다. 나쁜 습관이 아닌 좋은 습관을 10년 이상 지속하면 어떨까?

인생은 이벤트가 아닌 일상으로 이루어져 있다. 일상을 탄탄하게 가꾼다면 인생은 자동으로 순항한다. 무심코 나도 모르게 하고 있는 행동이 일상을 만든다. 우리가 아침에 일어나서 하는 세수하기, 양치하기, 식사하기는 큰 힘을 들이지 않고 무심코 하는 행동이다. 우리는 이 행동을 무의식적으로 하기 위해서 많은 시간을 투자했다. 다만 인간은 망각의 동물이라 그 과정을 기억하지 못할 뿐이다. 3-4살에 만들었던 습관의 과정을 기억해내는 사람은 거의 없을 것이다.

큰 힘을 들이지 않고 하는 행동인 세수하기, 양치하기, 식사하기는 작은 성공에 해당한다. 고작 이런 평범한 행동들을 성공이라고 부른다는 것에 선뜻 동의할 수 없을지도 모른다. 하지만 세수를 하지 않는다면 외출을 할 수 없을 것이고, 양치를 하지 않는다면 구강 건강이 망가질 것이고, 아침 식사를 거른다면 오전 내내 쓸 에너지가 없을 것이다. 우리의 일상을 탄탄하게 지탱하는 것은 이처럼 아주 작은, 좋은 습관들이 이뤄낸 작은 성공들로 이루어진 것이다.

지난 몇십 년간 서점가에서 가장 인기 있는 주제는 무엇이었을까? 스물이 되던 1998년, 서점에 들러 일주일에 두세 번씩 책을 둘러보기 시작한 그때부터 지금까지 약 25년간 서점에서 인기 있는 주제 중 하나는 바로 '아침형 인간'이었다. 이유가 뭘까? 삶이 너무 바빠서 온전히 '내 시간'이라고 할 만한 시간이 없기 때문이다. 특히 직장생활을 하다 보면 더욱 그렇다. 그래서 이런 생각이 찾아들곤 한다.

'이대로 직장에서 계속 소모되어도 좋은가?'
'나는 언제까지 직장에 다닐 수 있을 것인가?'

이러한 질문들은 모든 직장인의 마음 한 편에 자리 잡은 화두이다. 바쁜 일상 탓에 따로 시간을 내기 어려운 직장인들은, 이른 아침에 일어나 운동이나 자기계발을 하는 미라클 모닝을 통해 일상 속에서 자기 효능감을 경험하고 싶어 한다. 다만 새벽에 일어나는 일이 결코 쉽지 않다. 아침잠이 많은 사람이라면 생활 리듬을 바꾸기 위해 많은 시행착오를 거쳐야 한다.

새벽에 일어나려면 일찍 자야 한다. 수면시간을 줄여서 새벽에 일어나면 하루 종일 체력 저하에 시달릴 수밖에 없다. 새벽에 일어나기 위해서는 밤 11시 전에 자면 된다. 일찍 자면 일찍 일어나게 된다. 간단하다. 새벽 기상을 위해 가장 필요한 건 일찍 자는 것이다. 무조건 일찍 자면 일찍 일어나게 되어 있다. 밤 11시 전에 취침하는 것만으로도 미라클 모닝 습관에 성큼 다가설 수 있다.

우리는 매일 작은 성공을 이룰 수 있다. 거창한 것이 아니어도 좋다. 미라클 모닝을 가능하게 하는 비결은 의지나 열정이나 노력이 아닌 밤 11시 이전에 자는 습관이다. 에너지를 크게 소모하는 열정을 불태우는 것보다 11시에는 배터리가 바닥을 드러낸 것처럼 잠자리에 들자. 스마트폰은 침실에서 추방하고 아날로그 자명종 시계를 마련하자. 그래도 잠이 오지 않는다면 큼지막한 안대를 쓰고 절대 벗지 말자. 11시에 잠들 수 있을 것이다. 그렇다면 오늘 하루는 성공이다. 내일 새벽에 일어날 수 있기 때문이다.

큰 승리로
이어지는
스몰 스텝의 힘

4년간 꾸준하게 운동을 하면서 깨달은 게 있다면, 시작은 '작은 승리'라는 것이다. 무조건 시작을 하면 절반은 갈 수 있다. 그래서 시작하는 지점이 어렵지 않도록 하는 것이 포인트다. 우리 집에서 피트니스 센터까지의 거리는 도보 6분이 걸린다. 운동하러 가기 전에는 고작 이 6분의 거리가 1시간이나 되는 것처럼 무겁게 느껴진다.

가끔 정말 운동하기 싫은 날이 있는데, 그럴 때는 무조건 운동복으로 갈아입는다. 운동복을 입으려면 운동복이 입고 싶을 만큼 마음에 쏙 들어야 한다. 그래서 운동복을 여러 벌 준비해놓는다. 운동화도 깜찍하고, 예쁘고, 편한 걸로 마련한다. 투자한 돈이 아까워서라도 운동을 하러 가게 되기 때문이다. 색깔별로 골라입을 수 있는 운동복 덕분에 피트니스 센터에 가는 길이 조금 즐거워진다.

운동복은 바로 입고 나가고 싶을 만큼 최대한 눈에 잘 띄는 장소에 걸어둔다. 이것이 나의 스몰 스텝이다. 시작은 되도록이면 가볍게! 즐겁게! 그래야 운동을 1시간이라도 하고 온다. 이런 스몰 스텝이 4년이 쌓였다.

내가 운영하는 독서 커뮤니티에서는 '1일 1책 북커버 챌린지'라는 것을 한다. 하루에 한 번, 책 표지라도 만지고 그 사진을 올려서 기록을 남기는 챌린지인데, 7년 동안 벌써 12기를 맞이했다. '1일 1독'이 아니라 '1일 1책'인 이유는 책이 읽고 싶지 않은 날도 분명히 있기 때문이다. 견물생심(見物生心)이라고 자꾸 보고 만지면 가지고 싶듯이, 책 표지를 매만지다 보면 어느새 목차를 읽고 있고 본문으로 들어가는 독서 습관이 생긴다.

'1일 1책 북커버 챌린지'의 완수율은 매 기수 평균 80%가 넘는다. 스몰 스텝의 힘이다. 시작은 가볍고 즐겁게! 책을 꼭 읽어야 한다는 생각 대신 책을 매일 만나고 책 표지를 만지는 행위는 부담스럽지 않게 다가온다.

책 표지는 책을 열어보게 하는 마법의 힘을 가지고 있다. 책 표지를 매만지다 보면 자연스럽게 책을 읽고 독서와 친숙해진 자신을 발견할 수 있다. 책과 가까이, 독서라는 행위를 자연스럽게 일상에 녹이려면 책을 일단 만지기라도 해야 한다.

시작이 부담스러우면 습관이 되지 못한다. 오늘은 한 걸음, 내일은 한 걸음 반 이렇게 조금씩 보폭의 변화를 주는 건 쉽다. 평범한 매일의 실천이 모이면 어느 날 거대한 변화가 인생에 휘몰아친다. 매일 책 표지를 매만지는 행위가 1년 동안 쌓인다면 수십 권의 책을 읽게 된다. 그렇게 독서와 삶이 포개지면서 진지한 독서가가 되어간다.

삶에 반드시 이뤄야 할 목표가 있다면 어떻게 하면 최대한 즐겁게 부담스럽지 않게 시작할지 생각해보자. 운동을 하고 싶다면 운동복을 요일마다 다르게 입고, 운동복과 찰떡인 자신의 모습을 상상하면서 발걸음을 즐겁게 피트니스 센터로 옮겨가게 하자. 책 읽는 습관을 만들기 어렵다면 하루 1분이라도 책 표지를 매만져보자. 매일 정시에 출근하는 게 고역이라면 너무나 먹고 싶었던 간식을 회사 책상 서랍에 넣어두고 오자.

사람은 자신만의 작은 즐거움을 갖고 있다. 이것을 습관과 자연스럽게 연결시키는 행위가 스몰 스텝이다. 스몰 스텝은 차곡차곡 쌓여 빅 스텝으로 성큼성큼 큰 보폭을 만들어 나간다. 인생은 생각보다 길고 스몰 스텝은 생각보다 힘이 세다. 자신만의 취향을 즐거움으로, 위로로 보상하면서 작은 보폭이라도 걸어나가보자. 그런 걸음이 인생의 변화점을 만들고 기적을 선사한다. 작은 것이 가장 큰 것이다.

매일을
기록하는 습관으로
인생을 점검하자

2021년 가을, 몇 년 동안 보지 못했던 오랜 친구들을 볼 생각
에 마음이 들떠 있었는데 모임은 없던 일이 되었다. 오미크론
변이가 심상치 않자 정부의 방역지침이 4인 이상 모임을 금지
했기 때문이다. 2020년 12월에도 코로나가 극성을 부려 집에
서 조용하게 연말연시를 보냈는데, 2021년 겨울 또한 고요한
연말이 되었다.

　떠들썩한 분위기로 송년회를 열고, 지인들과 뜻깊은 시간
을 보내며 한 해를 정리했던 수년간의 관습이 한순간에 무너

졌다. 보고 싶었던 사람들을 만나지 못하자 마음이 시렸다. 쉽지 않았지만 공허한 마음을 추스르고 이 위기를 기회로 삼아 그동안 꼭 하고 싶었던 일, 시간이 없어 하지 못했던 일들에 대해 생각해보게 되었다. 이제는 연말연시를 보내는 새로운 습관이 필요하다.

집에서 조용하게 자신과 대면하니 진짜로 하고 싶었던 것이 무엇인지 생각할 시간과 기회가 주어졌다. 조용히 책상에 앉아 일기를 쓰기 시작했다. 글로 생각을 한 자 한 자 적어보니 고구마 줄기처럼 마음속에서 하고 싶었던 말들이 쏟아져 나왔다. 삶을 기록으로 남기고 싶었다. 기록은 기억을 지배한다. 기록이 남지 않는다면 내 삶의 발자취는 희미하게 기억 저편으로 사라질 것이다. 존재의 기억은 죽음과 함께 소멸한다.

그동안 일기 쓰기를 미뤄왔던 나였지만 오늘의 기억을 우주 저편으로 날려 보내고 싶지 않다는 마음도 있었다. 생생한 지금 이 순간을 매일 기록으로 남기는 일은 습관을 들이지 않으면 불가능하다. 일기를 얼마나 썼는지 지난해 다이어리를 펼쳐보자 중간에 듬성듬성 비어 있는 날이 더 많았다. 코로나 때문에 집에 있는 시간이 늘어나자 일기장을 빼곡하게 채우는 날이 많아졌다.

매일 일기를 쓰는 습관은 하루아침에 만들어지지 않는다. 기억에 의존하지 않고 일기로 남기는 습관을 만들면서 일상이 얼마나 소중한지 새삼 피부로 와닿았다. 매일매일이 같은 것 같아도 기록으로 남은 글을 읽어보니 참 다르다. 작은 것이 소중하게 다가온다. 사소한 것을 기록하는 습관을 코로나로 인한 무기력을 이겨내는 도구로 삼자 일기 쓰는 시간이 그 어떤 때보다 기다려진다.

일기도 처음부터 잘 쓰는 사람은 없다. 글 쓰는 일이 익숙지 않다면 오늘 일상을 담담하게 써 내려가자. 아침, 점심, 저녁 메뉴를 기록하고 맛에 대한 평가나 감상부터 시작한다면 그리 어렵지만은 않을 것이다. 일기가 하루 이틀에서 3년, 5년, 10년의 기록으로 쌓인다면 어떤 일이 생길까? 10년 전 오늘을 또렷하게 기억하는 사람은 드물다. 10년 전의 오늘이 일기장에 고스란히 기록으로 남아 있다면 10년 전과 현재의 변화를 가늠해볼 수 있다.

세상을 1년, 2년 단위로 보면 변하지 않는 것 같아도 10년이면 강산이 바뀐다는 말이 있다. 매일 자투리 시간을 활용하여 일기를 쓴다면 큰 시간을 들이지 않아도 된다. 15분은 하루 24시간의 1%에 해당하는 시간이다. 언뜻 사소해 보이는 1%의 시간도 쌓이면 데이터를 만들 수 있다. 내가 먹은 음식, 보낸 시간, 만난 사람, 일을 대하는 태도와 생각을 기록하는 사람은 모든 것을 수치화할 수 있다. 존재에 대한 통계도 기록으로 가능하다.

1653년 제주에 표류한 네덜란드인 헨드릭 하멜은 13년간 조선에서의 생활을 기록으로 남겼다. 이유는 표류하면서 받지 못한 동인도회사의 월급을 받기 위해서였지만 이렇게 남긴 하멜의 기록은 조선을 유럽에 알린 최초의 출판물이 되었다.

자신의 기억력을 맹신하지 말고 기억을 글로 정착시켜 보자. 일기 쓰기는 단어 나열이 아닌 문장으로 이루어진 연재물이다. 일기는 쓰면서 그 누구에게도 하지 못했던 말을 털어놓을 수 있는 치유의 기능도 있다. 내 마음을 나 자신이 정기적으로 어루만질 수 있다는 건 정신적인 건강과도 밀접한 관계가 있다. 하지만 쓰다 말다 이빨 빠진 날이 더 많은 일기장이라면 습관으로 굳어지지 않는다.

매일 같은 시간에 일기를 쓰면 어떨까. 특정한 작업을 시행하는 시간이 정해진다면 그것이 습관이 될 가능성이 크다. 매일 자기 전 혹은 아침에 조금 일찍 일어나서, 아니면 퇴근해서 저녁을 먹고난 다음, 자신이 편하게 글을 쓸 수 있는 시간에 일기를 쓰다 보면 그 시간이 되면 알아서 일기장을 펼치고 있는 자신을 발견하게 될 것이다.

습관을 만드는 데는 가장 단순하고, 가장 쉬운 일부터, 지금 당장 시작하는 것이 좋다. 다이어리를 펼치고 문장으로 오늘 하루를 기록해보자. 짧은 글부터 시작하자. 그것을 매일매일 하자. 정해진 시간에 말이다. 하루라도 일기를 쓰지 않으면 양치를 하지 않은 것 같은 기분이 들 것이다. 이것이 무의식적으로 힘을 들이지 않고 행동하게 하는 습관의 힘이다.

목표에
숫자를 더하면
달성에 가까워진다

운동을 해도 살이 빠지지 않는 경우가 있다. 책을 열심히 읽는 것 같은데도 삶이 변화하지 않는 경우가 있다. 기록이 없는 운동과 기록이 없는 독서는 결과를 만들어내지 못한다. 명확한 숫자가 없기 때문이다. 숫자로 기록되지 않은 행동은 양을 측정하지 못한다. 얼마나 먹었는지 알 수 없고, 얼마나 읽었는지 기억이 나지 않는다.

인간은 망각의 동물이다. 어제 먹은 점심 메뉴가 무엇이었는지 한참 생각을 해야 할 때도 있다. 운동을 해도 식단조절을 병행하지 않는다면 체중이 줄지 않는다. 오히려 운동으로 입맛이 돌아서 평소보다 식사량이 더 늘어날 가능성도 있다. 열심히 책을 읽는 것 같은데 아무 효과가 없다면 독서기록을 유심히 살펴보아야 한다. 이때 숫자로 표기된 기록이 없다면 정확한 원인을 파악하기가 힘들다.

타고난 문과 체질이라 숫자만 보면 머리가 아플지도 모른다. 하지만 숫자는 우리 삶에서 매우 중요한 역할을 한다. 체중을 줄이려면 균형 잡힌 식단이 우선이다. 내가 먹은 음식이 어떤 성분이 들어 있는지 숫자로 파악하는 일을 등한시하면 내 몸이 왜 좋아지지 않는지 근본적인 원인을 파악할 수 없다.

귀여운 캐릭터 포장으로 인기 있는 한 편의점 PB 상품이 지나친 카페인 함량으로 화제가 된 적이 있었다. 이 상품은 명백하게 '커피 맛 우유'라는 이름을 달고 있었다. 그런데 우유라기에는 들어 있는 카페인 함량이 고카페인 각성 음료보다 2배가 높은 237mg였다. 성분표의 숫자를 보지 않고 귀여운 캐릭터 포장에 속아 무심코 이 우유를 마셨다가 밤새 뜬눈으로 뒤척일 수 있는 것이다. 잠을 충분히 자지 못했으니 다음 날 컨디션은 엉망이 된다.

특히 다이어트는 느낌이나 감으로 해서는 원하는 목표를 이룰 수 없다. 명확하게 식단 조절을 해야 결과가 나온다. 목표가 있다면 명확한 숫자로 표현하는 건 필수다. 꾸준한 독서를 목표로 삼았다면 하루에 얼마나 시간을 투자할 것인지, 몇 페이지를 읽을 것인지 숫자로 한눈에 알아볼 수 있어야 한다. 책 읽기가 직업인 나도 가끔 독서 슬럼프에 빠질 때가 있다. 하지만 책을 읽지 않으면 콘텐츠를 만들어 나갈 수 없다. 그때 내가 쓴 방법이 '하루에 딱 100페이지만 읽자'였다.

아무리 책 읽기가 힘들어도 읽어야 하는 날에는 딱 100페이지만 읽고 책을 덮었다. 100페이지를 읽는 시간을 측정해 보니 30-40분 정도가 소요되었다. 슬럼프에 빠진 날은 30분도 독서에 집중하기 힘들다. 하지만 나의 목표는 딱 100페이지로, 50페이지씩 두 번에 나눠서 읽고 그날의 목표를 채우고 책을 덮었다. 숫자로 명확하게 100페이지라고 목표를 설정했기에 지독한 슬럼프를 극복할 수 있었다.

내가 운영하는 독서 커뮤니티에 5년 동안 꾸준하게 독서 기록을 남긴 분이 있다. 이분에게는 한 가지 고민이 있었다. 문장을 쓸 때 섬세한 감정표현력과 묘사력을 갖추었으면 했는데, 그게 마음처럼 잘되지 않는 것이었다. 이유가 무엇일까 살펴보다가 5년간의 독서기록을 보니 숫자로 명확하게 원인을 파악할 수 있었다. 바로 분야별 독서 숫자에 있었다. 5년 동안 읽은 책 대다수가 자기계발서나 경제경영서여서 그 문체와 비슷할 수밖에 없었던 것이다.

독서기록을 살펴보니 문학이나 에세이, 시 같은 섬세한 감정표현을 주로 하는 책들은 얼마 읽지 않았다는 것이 숫자로 나타나 있었다. 만약 독서기록이 없었다면 문제의 원인을 파악하지 못했을 것이다. 두루뭉술한 목표가 아닌 숫자로 명확하게 나타나 있는 목표를 세우는 것이 얼마나 중요한지 결과를 보면 알 수 있다.

감각이나 느낌이 아닌 숫자로 생각해보면 다른 것이 보인다. 우리가 생각하는 느낌은 현실과 괴리가 있다. 느낌이나 감으로 행동하면 하루하루 목표에 다가서고 있는지, 얼마나 시간이 걸릴지 막연할 뿐이다. 숫자로 분석하면 구체적으로 데

이터를 얻을 수 있어서 성공확률이 훨씬 높아진다. 지금까지 목표와 결과에 대한 의문이 있었다면 숫자가 있는 목표를 세우자. 기대했던 결과가 눈으로 보일 것이다.

쓸모없는
물건의
나비 효과

'예쁜 쓰레기'라는 말이 있다. 예쁘지만 쓸모가 없어서 결국 쓰레기통으로 향하게 되는 물건을 의미한다. 계절마다 나오는 색조 화장품, 여행 갈 때마다 사오는 각종 기념품, 장식해두면 예쁠 것 같아 장만한 인테리어 소품들. 막상 살 때는 소중하게 간직할 것 같고, 여행지를 추억할 것 같고, 요긴하게 쓸 것 같지만 실상은 예상과는 다를 때가 많다. 이렇게 하나둘씩 사들인 물건은 방구석에서 뽀얗게 먼지를 뒤집어쓰고 뒹군다.

애초에 크게 쓸모가 없고 충동적으로 구매한 예쁜 쓰레기일수록 처치 곤란이다. 버리기도 아깝고 그렇다고 보관해도 자주 쓸 일이 없기에 그야말로 '계륵(鷄肋)'의 존재다.

하지만 예쁜 쓰레기도 돈을 주고 산 물건이다. 중요한 건 이것이다. 돈을 주고 샀다는 것. 예쁜 쓰레기를 사느라 비어가는 통장을 채우기 위해, 쌓여가는 카드값을 위해 오늘도 일터로 나간다.

그렇다면 내 삶의 주인은 예쁜 쓰레기인가, 나 자신인가? 예쁜 쓰레기를 사 모으기 위해 다시는 오지 않을 유한한 시간이란 에너지를 사용하여 예쁜 쓰레기를 사들인 값을 치르고 있지는 않은가?

예쁜 쓰레기가 쌓이면 쌓일수록 통장이 텅텅 비게 되고 카드값은 눈덩이처럼 불어나게 될 것이다. 그런 물건의 특징은 아이러니하게도 비싸지 않다는 것이다. 고가의 물건이 아니기에 부담 없이 구매하게 되는 습관이 생긴다.

습관이 시간이라는 물리적 힘을 만나면 곱하기가 된다. 별생각 없이 구매한 예쁜 쓰레기를 사들이는 행위가 습관으로 굳어지면 통장은 빛의 속도로 비어가고, 카드값은 눈덩이가 되어 경제 상태를 망친다. 별것 아닌 예쁜 쓰레기를 구매하는 행위가 나비 효과를 일으켜 자신을 가난하게 만든다.

작은 것은 큰 것이다. 큰 것을 만드는 것은 작은 것이다. 자잘한 물건을 사는 데 쓰는 시간과 에너지, 돈을 생각한다면 자잘한 물건 하나를 사는 일에도 망설이게 된다.

쉽게 지갑을 열지 않는 태도를 습관으로 들이면 꼭 필요하고 중요한 것만 살 수 있다. 소비 습관은 한 번 굳어지면 바꾸는 데 시간이 오래 걸린다. 오늘 산 아주 작은 저렴한 물건이 나비가 되어 태풍을 일으킨다면 작은 물건을 하나 사는 일에도 충분한 생각을 한 후에 구매하게 될 것이다.

경험을 하는 데는 돈을 아끼지 말되, 물건을 사는 데는 인색해야 한다. 경험은 훗날 곱하기가 되어 긍정적인 나비 효과를 일으키지만 쓰지도 않을 물건을 충동적으로 구매하면 훗날 마이너스 곱하기가 되어 경제 상황을 어렵게 한다.

무언가를 배우는 일, 경험하는 일은 자신을 위한 투자다. 하지만 쓸데없는 물건을 쟁여두는 것은 자신을 위한 낭비다. 오늘은 방을 한번 둘러보자. 버리기도 아깝고 쓰기도 애매한 물건의 개수를 세어보자. 예쁜 쓰레기를 사 모으기 위해 얼마나 일을 해야 했을까?

　우리는 삶에서 중요한 것과 연결되기 위해서 중요하지 않은 것과의 연결을 끊어야 한다. 사도 그만 안 사도 그만인 물건과 연결되기 시작하면 부수적으로 따라오는 중요하지 않은 것들이 확대된다. 확대 생산된 중요하지 않은 것들은 인생에서 가장 중요한 자원인 시간과 에너지를 갉아먹는다. 살 때도 돈이 들고 버릴 때도 돈이 드는 예쁜 쓰레기들과 연결되지 않음으로써 얼마나 많은 여유가 생기게 될지 오늘 계산해보자.

돈으로
얻고 싶은
'가치'를 알자

나는 중고서점에서 책을 사지 않는다. 특히 신간은 중고로 구매하지 않는 습관이 있다. 만약 내가 중고서점에서 책을 산다면 그 책을 만드느라 온갖 수고를 한 출판사에는 이익이 한 푼도 전해지지 않는다. 책을 쓴 저자에게도 이익은 단 1원도 가지 않는다. 책 한 권을 사더라도 내가 쓴 돈이 책을 만든 출판사와 저자에게 돌아가기를 바란다. 출판사에 돈이 돌아야 더 좋은 책을 만들 것이고, 저자에게 이익이 돌아가야 앞으로 좋은 작품이 나올 것이다.

물론 절판된 책이나 쉽게 구할 수 없는 희귀본은 중고서점에서 구해야 한다. 하지만 버젓이 새 책으로 팔리고 있는 책은 도저히 중고서점에서 구매할 수 없다. 책 한 권을 만들기 위해서 들어간 수고스러움이 책을 읽는 내내 느껴지기 때문이다. 중고서점에서 책을 사지 않고 새 책을 산다 한들 누가 알아주지 않는다. 아무도 알아주지 않아도 괜찮다. 그저 한 권을 사더라도 책을 쓴 저자와 책을 만든 출판사에 이익이 돌아가기를 바라는, 앞으로 좋은 책이 나오는 데 미약하나마 보탬이 되고 싶은 마음이다. 건강한 출판 환경을 만드는 건 책을 소비하는 독자의 작은 힘이 모였을 때다.

　한편 도덕적으로 옳지 않은 기업의 제품을 구매하는 행위는 우리 사회에 도덕 불감증을 증폭시키는 행동이다. 대리점 상품 강매 사건과 창업자 손녀의 마약 복용으로 도덕성을 회복할 수 없는 지경에 이른 회사의 상품은 절대 구매하지 않는다. 비도덕성으로 얼룩진 기업의 행태를 무관심으로 일관한다면 독버섯의 싹을 방치하는 것과 같다. 독버섯은 빠르게 침투해 도덕 불감증이 넘치는 불공정한 사회를 만들 것이다.

패스트 패션으로 업계 선두를 달리는 일본 업체가 있다. 일본 제품 불매운동의 여파로 한국에서의 매출이 줄고 있는 현상을 어떤 방법으로 타개할 것이냐는 기자의 질문에 "한국에서 일어나는 불매운동은 한두 차례가 아니어서 이내 사그라들 것이다"라는 발언을 했다. 일본 패스트 패션 업체의 수장이 한국 소비자를 어떤 시선으로 바라보고 있었는지 여실하게 보여줄 뿐만 아니라 그 업체가 추구하는 가치와 경영철학을 가늠할 수 있는 대목이었다.

한국에서 천문학적 액수의 매출을 올리고 있는 업체의 수장으로서는 해서는 안 될 말이었다. 우리나라 소비자의 매출 가치를 얕잡아보는 경영자의 태도에 대응하지 않는다면 우리가 쓰는 돈을 가치 없게 만들어버리는 것과 같다.

돈은 가치를 만든다. 사람은 가치가 없다고 생각하는 데 돈을 쓰지 않는다. 신용카드 명세서를 보면 그 사람이 어디에 가치를 두고 있는지가 나타난다. 나는 1년 후 혹은 3년 후에 어떤 삶을 살고 있을까? 정확히 알아볼 수 있는 방법이 있다. 지출내역을 들여다보면 된다. 지출내역을 보면 근시일 안에 그 사람에게 어떤 일이 일어날지 예측할 수 있다. 쇼핑, 여행, 음주 등 감각적 쾌락에 지출 비중이 큰 사람은 오늘보다 좋은 미래를 살게 될까? 반대로 성찰, 통찰, 배움, 성장, 자기계발, 사회 환원 등에 돈을 쓰는 사람의 미래는 어떠할까?

변화는 단번에 일어나지 않는다. 오늘 쌓은 먼지 같은 마음과 행동이 모여 미래가 된다. 그래서 오늘을 어떻게 보냈는지, 오늘의 지출내역을 보라. 사람은 마음 없는 것에는 절대 돈을 쓰지 않는다. 지적자본을 형성하는 데 돈을 쓰는 사람이라면 마음이 올바른 방향으로 흐르고 있는 것이다. 반대로 감각적 쾌락을 위한 지출을 가치롭다고 여기면 그 사람의 삶이 건강하다고 할 수 있겠는가?

먹고 마시며 노는 데는 온갖 지출을 하면서 혹시 돈이 없다고 하지는 않는가? 감각적 쾌락에 많은 투자를 하면서 미래가 두렵다고 하고 있지는 않은가? 오늘 신용카드 명세서를 살펴보라. 자신이 무엇을 가치 있게 여기는지 명세서에 정확히 기록되어 있다. 가까운 시일 안에 자신이 어떤 사람이 되어 있을

지 단서가 들어 있을 것이다. 우리가 돈으로 얻고 싶은 가치는 자신이 추구하는 가치와 일치한다. 당신이 돈을 쓰는 것에는 어떤 '가치'가 담겨 있는가?

내 시간을
빨아들이는 블랙홀에서
벗어나자

새로운 습관을 만들려면 하지 않을 일이 무엇인지 파악해야
한다. 시간은 한정적인 자원이라서 하나를 얻으려면 하나를
버려야 한다. 좋은 습관을 만들고 싶어도 일상에 여유가 없다
면 새로운 습관이 들어설 자리가 없다. 나는 일상에 여유를 만
들기 위해 우선 스마트폰 메신저를 지워보았다. 처음에는 다
소 답답하긴 해도 일상에 큰 지장은 없었다. 대신 시간은 엄청
나게 여유로워졌다. 지워보니 알게 되었다. 하지 않아도 될 일
을 얼마나 열심히 하고 있었는지 말이다.

일상에 여유가 생기자 스마트폰에 들어가 설정을 변경했다. 앱 푸시 알람이 뜨지 않게 설정을 하자 스마트폰을 들여다보는 시간이 확연히 줄었다. 스마트폰을 들여다보느라 뭉쳤던 어깨, 피로했던 눈이 금세 호전되는 게 느껴졌다. 상쾌했다.

또, 네일케어를 그만두었다. 꿋꿋하게 페디큐어는 하고 다녔지만 몇 달 전에 페디큐어로 인해 엄지발톱이 상하게 되자 페디큐어도 중단했다. 그제야 손톱 발톱이 숨을 쉬는 것 같았고 시간 여유가 생겼다. 손톱 발톱에 왜 그렇게 많은 신경을 쓰고 살았는지 모르겠다.

여유가 생기자 본질에 집중하는 시간을 점점 더 많이 벌 수 있었다. 일생일대의 도전인 유튜브를 시작하면서 새로운 콘텐츠를 계발하는 데 시간을 쏟았다. 그리고 나는 깨달았다. 내게 중요한 것이 스마트폰 메신저로 이야기를 나누는 것이 아님을 비로소 알게 되었다. 손톱 발톱 관리가 핵심 역량을 키우는 데 도움이 되지 않는다는 것을 알게 되었다.

하지 않을 일을 하나하나 깨닫고 버릴 때마다 삶이 조금씩,

하지만 분명히 달라진다는 걸 경험을 통해 터득할 수 있었다. 우리는 왜 하지 않아도 될 일을 열심히 하고 있을까? 타성에 젖어 남들이 하는 대로, 유행하는 대로 의심 없이 시간을 내줬기 때문이다. 미디어에 노출되면 될수록 자신의 본질을 생각하기보다 타성에 젖어 살아가게 된다. 그러다 보면 타성이 인생을 지배하기 시작한다. 타성이 습관이 되어버린다.

나의 목표와 본질에 집중하기도 전에 시간과 에너지를 블랙홀처럼 빨아들이는 타성은, 남과 나를 비교하게 한다. 남들처럼, 남들 하는 만큼, 남들 사는 만큼, 온통 자신의 기준을 남에게 맞추게 되는 것이다.

남의 시선이 나의 선택 기준이 되어버린 순간, 우리는 자신을 잃어버린 채 표류한다. 내가 좋아하는 것보다 남들이 좋아하는 것을 중요하게 생각한다. 나만의 취향은 온데간데없이 사라지고 타인의 취향이 들어선다. 타인의 욕망을 나의 욕망이라 착각한다.

스스로 내면을 살피고 대화하기 전에 타인의 기준에 맞추고 타인과의 교류를 우선시하느라 내가 어떤 사람인지 생각할 시간이 없다. 나의 시간과 에너지를 온통 내가 아닌 곳에 쓰게 된다. 그렇게 평생을 내달리면 행복할 줄 알았지만 남는 건 후회와 회한이다.

남들이 하는 대로 하면 당장은 편하다. 주변의 따가운 눈총도 없다. 하지만 그 시간이 지속되면 삶의 중심이 내가 아닌 남이 되어버린다. 인생을 송두리째 남에게 빼앗긴 줄도 모르고 시간을 흘러간다.

오늘 내가 한 일에 대해서 나의 본질과 목표에 어긋나는 일이 없는지 차분히 돌아보자. 한번 발을 들이면 익숙해지고, 익숙해지다 보면 오래 하게 되고, 오래 하다 보면 습관이 되고, 습관이 되면 인생을 지배한다.

나쁜 일도 처음 하는 게 어렵지 자꾸 하면 쉬워진다. 악습관이 자리 잡으면 평생 발목을 잡고 쉽게 놓아주지 않는다. 틈틈이 혹시 나쁜 습관이 일상에 스며들지는 않았나 점검하자. 자기 전에 인스타그램 피드를 보며 남의 사생활을 관찰하는 게 인생의 목표는 아닐 것이다.

그보다 중요한 것은 내가 살아가고 있는 하루를 관찰하는 일이다. 내가 정말 놓치고 있는 것은 무엇인가? 남의 사생활인가, 나의 하루인가. 오늘 내가 하지 말아야 할 일은 무엇인가?

습관의 효과는
느리게 올수록
드라마틱하다

체중에는 별 관심이 없었다. 야식도 즐기면서 먹고 싶은 음식이 생기면 다 먹었다. 그 덕분에 삶의 행복지수가 올라간 건 분명하다. 다만, 건강을 해칠 정도의 체중이 된다면 체중 감량을 해야 한다. 건강을 위해 다이어트를 해야만 하는 그날이 내게도 다가왔다. 4년 전부터 발목이 시큰하게 아팠는데, 육중한 몸을 감당하지 못한 탓이었다.

이렇게 계속 살다가는 발목이 나가게 생겨서 운동을 시작했다. 그리고 4년이 지난 지금, 15kg이 빠졌다. 예전에 입던 옷들은 맞지 않아 거의 정리했다. 일부는 버리고 아까운 옷은 지인들에게 나눔했다. 옷가게에 가면 어떤 옷을 입어도 사이즈가 다 맞는 신기한 경험을 하고 있다. 차근차근 살이 빠진 건 아니다. 올해부터 급격하게 체중이 줄기 시작했다. 다이어트의 임계점이 4년 만에 온 것이다.

체중감량이 목표가 아니었기에 자주 체중계에 올라가지는 않았다. 목표는 발목 건강이었다. 운동하는 여정을 쭉 가다 보면 체중은 알아서 빠진다고 생각했기에 신경 쓰지 않았다. 살이 빠지지 않는다고 식사량을 대폭 줄이거나 스트레스를 받지도 않았다. 운동을 꾸준히 지속하다 보면 언젠가는 체중이 급격히 줄어드는 구간이 온다던데 올해 그 구간에 접어든 것이다.

이제 근육이 붙어 조금만 운동을 해도 몸에 반응이 온다. 습관도 마찬가지다. '남들은 얼마만큼 빠졌다는데' 푸념하거나 벽에 붙여놓은 연예인 사진을 보며 '저런 몸매가 되어야 하는데' 하는 건 중도 포기의 지름길이다. 남들과 비교하지 않고, 결과에 일희일비하지 않고, 묵묵히 과정을 즐기면 인생이 180도 바뀔 만큼의 변화가 찾아온다.

다만 그 구간을 언제 만날지는 아무도 모른다. 습관을 만들어가는 초기에 효과가 없다고 매일 안달복달하면서 했다, 말았다 하는 건 자신의 에너지만 갉아먹는 일이다. 다이어트도 매일 체중계에 올라가서 실망하고, 먹는 거 하나하나 칼로리를 계산하며 부담을 느끼고, 20대 초반 아이돌 몸매를 목표로 하면 포기하게 되기 쉽다. 과정을 즐길 수 없기 때문이다. 나는 20대가 아니다. 아무리 살을 빼도 20대와는 다르다. 무모한 목표를 잡으면 스트레스만 받는다.

4년 동안 꾸준히 운동하면서 체중은 늘었다, 줄었다 했을 것이다. 매일 체중계에 올라갔다면 일희일비하며 운동을 꾸준하게 지속하지 못했을지도 모른다. 근육이 생기면 자연스럽게 먹어도 체중이 늘지 않는다. 운동을 조금만 해도 변화가 눈에 보인다.

습관을 만드는 과정도 마찬가지다. 처음에 습관이 형성될 시기에는 힘들다. 그 시기를 지나 습관이라는 탄탄한 근육이 붙으면 힘을 덜 쓰면서도 몸이 자동으로 움직인다. 습관 형성 초기에는 힘든 게 당연하다고 여기자. 매일 늘었다, 줄었다 하는 몸무게처럼 아무리 좋은 습관을 만들어도 힘든 날도, 좋은 날도 있을 것이다. 하지만 꾸준히만 지속한다면 결과는 언젠가는 온다. 느리게 올수록 드라마틱하게 온다.

그러니 아무런 변화가 없어도 습관이 탄탄하게 자리 잡는 과정을 즐기자. 그런 나날이 쌓이면 차원이 다른 차이를 만들어낸다. 당장 결과를 바라면서 매일 스트레스받고, 남들과 비교하면서 과정을 즐기지 못하는 자는 결코 도달할 수 없는, 응축된 에너지가 폭포수처럼 터져 나오는 그날을 확신한다.

15kg를 감량하고 1년째 유지 중인 나에게는 이제 새로운 목표가 생겼다. 발목 상태를 쭉 지켜보니 완전히 편해지려면 3kg를 더 감량해야 할 것 같아서 목표로 정했다. 물론 이번에도 체중계에는 가급적 올라가지 않을 것이다. 꾸준히 하면 언젠가는 알아서 빠진다는 걸 경험을 통해서 습득했다. 삶에 단단히 자리 잡은 습관이 드라마틱한 변화를 가져다주는 것처럼 말이다.

무엇이든 끝까지 물고 늘어지면 경험이 쌓인다.
슬럼프를 극복하는 과정, 최선을 다했다는 짜릿함,
강약을 조절하는 방법, 역량을 키우는 자기 효능감,
끝까지 물고 늘어진 경험은 온몸에 체화된다.
사람은 경험으로 배운 것은 잊지 않는다.
중간에 포기하지 않고 끝까지 가본 경험은
몸과 마음이 기억한다.
무엇보다 끝장을 본 사람은 후회하지 않는다.

3장

마음의 방향이
인생의 방향이다

견디고
버티는
마음습관

미친듯이 책을 읽기 시작했던 스물아홉, 그때는 책을 읽는 자체가 황홀할 정도였다. 책 읽기에 가속도가 붙어서 스펀지가 물을 빨아들이듯이 책에 있는 내용을 게걸스럽게 먹어 치웠다. 그러다 나는 난공불락의 성을 맞닥뜨리게 되었는데, 그 성의 이름은 바로 '고전'이었다. 고전의 세계에 입성한 것이다. 고전은 길게는 몇천 년 전, 짧게는 몇백 년의 시간 차이가 있다. 내가 살고 있는 환경과는 전혀 다른 시공간에 진입한 것이다.

독서 초보자로, 배경지식이 많지 않은 상태에서 고전을 읽으려니 하루하루가 고역이었다. 특히 그리스 고전 철학은 외계어 같이 느껴졌다. 분명히 한국어로 쓰여 있는데 몇 번을 읽어도 이해가 되지 않았다.

나는 플라톤을 멋모르고 사랑했지만 플라톤을 감히 단박에 이해할 수는 없었다. 오기가 생겼다. 반드시 그리스 고전 철학을 요리조리 볶아 먹고, 삶아 먹고, 끓여 먹을 수 있을 만큼 이해하고 싶었다. 하지만 아무리 읽어도 이해가 되지 않아서 책 한 권을 통째로 베껴 쓰기로 마음먹었다. 그렇게 15년 필사여정이 시작됐다. 팔이 빠지도록 필사를 하니 외계어 같던 그리스 고전 철학이 조금씩 이해가 되기 시작했다. 희열을 느꼈다. 그렇게 어려운 철학책들을 하나둘씩 정복해 나갔다.

필사하는 습관을 얻은 덕분에 내 인생의 다른 페이지가 열렸다. 그 과정은 결코 쉽지 않았고, 아주 오랜 시간이 걸렸다. 결과는 굼벵이보다 더디게 나타났다. 필사를 하자 문장 만드는 방법을 알게 되었다. 학문을 진지하게 연구하는 자세가 생겨났다. 필사는 지난한 과정이다. 하루 종일 빼곡하게 글씨를 써도 콩나물 시루에 물 빠지듯이 시간은 시간대로 잡아먹고 성과는 더디다.

내가 거기서 필사를 그만두고 고전 철학 읽기를 포기했다면 작가로서의 지금은 없었을 것이다. 그렇게 버티고 견뎌 필사한 지 7년 만에 작가의 길을 걷게 되었다. 7년의 반복이 새로운 지평을 열어준 것이다.

저항하는 시간을 이겨내자. 결과는 하룻밤 사이에 이루어지지 않는다. 분야를 막론하고 한 단계 더 높은 곳으로 도약하기 위해서는 어렵고 지루한 단계를 반드시 버텨야 한다. 여기에 추월차선 같은 것은 없다. 차곡차곡 쌓이는 시간이 절대적으로 필요하다.

실력은 보이지 않을 뿐 쌓이지 않는 게 아니다. 어려운 건 좋은 것이다. 좋은 습관을 만들기가 결코 쉽지 않은 일이기에 귀하다. 인간은 관성의 동물이기 때문에 그동안 해오지 않았던 새로운 습관을 만드는 과정은 언제나 성가시고 귀찮다. 그러나 이 과정이 없다면 어려운 시기에 어떻게 버텨야 하는지 감각을 익힐 수가 없다.

80년대 댄스가수로 이름을 날린 박남정의 딸이 아이돌 그룹의 멤버로 데뷔했다. 박남정은 딸이 추는 춤을 커버한 영상을 소셜미디어에 업로드했다. 초로의 나이임에도 불구하고 전성기 시절의 춤 실력 그대로였다. 박남정의 과거를 모른다면 나이를 짐작할 수 없을 정도의 믿기지 않을 춤선이었다.

80년대 한국의 마돈나 김완선은 뉴진스의 춤을 커버한 영상을 올렸는데, 올드함을 전혀 느낄 수 없는 힙한 춤 실력에 유튜브 숏츠 알고리즘을 점령했다. 박남정과 김완선의 전성기는 30년 전이었지만 댄스 실력은 전혀 녹슬지 않았다. 평생 춤을 추는 사람은 나이와 관계없이 언제라도 새로운 안무를 자기 방식으로 훌륭하게 소화해낼 수 있다는 것을 증명해 보였다.

이처럼 사람은 한번 몸으로 체득한 것은 잊어버리지 않는다. 몸과 마음으로 견디고 버티는 습관도 스스로 체득해야 다음에 비슷한 상황이 와도 써먹을 수 있다. 잠깐 스치는 경험이 아니라 지난한 과정을 거쳐 몸과 마음에 익은 습관이라면 언제 어디서든지 알아서 반응하게 된다.

인생의 고난은 피할 수 없다. 골짜기가 깊은 만큼 산이 높다. 고난을 버티고 견딘 사람에게는 반드시 보상이 주어진다. 그래서 힘든 시간을 버티고 견디는 습관이 필요하다. 어제는 폭풍우가 치고 세찬 비가 내렸지만 오늘은 거짓말처럼 맑게 갠 하늘을 볼 수 있다. 거센 비가 내리고 난 다음 날의 날씨는 더없이 쾌청하다. 하늘은 푸르고 조각구름이 떠다닌다. 고난의 시간을 버틴 자는 눈부신 날씨를 즐길 자격이 주어진다. 오늘은 더도 말고 1%만 더 버텨보자. 1%를 버티는 힘이 쌓이고 쌓여 삶을 완전히 변화하게 할 것이다.

부족한 것은
능력이 아니라
자기신뢰

버락 오바마는 2007년 민주당 대통령 경선에 도전할 당시 알려지지 않은 정치신인에 불과했다. 연설을 잘하는 것으로 유명하긴 했지만 라이벌인 힐러리 클린턴에 비하면 경력도, 명성도 비교할 수 없는 수준이었다. 경선에서 힐러리가 대승할 것이라는 예상은 확정 사실처럼 여겨졌다. 하지만 오바마는 용기를 내어 경선 레이스에 참가했고, 힐러리를 꺾고 민주당의 대통령 후보가 되었다. 그 후에는 공화당의 존 맥케인 후보에게 승리해서 2009년 미국의 44대 대통령으로 선출되었다.

정치신인에 불과했던 오바마가 혜성처럼 나타나 대통령이 되기까지 그를 지탱해주었던 것은 자기 자신을 신뢰하는 마음습관이었다.

힐러리의 남편이자 미국 전 대통령이었던 빌 클린턴이 오바마를 견제하기 위해 "정치신인이니 이번에 나서지 말고 다음 기회를 노려라"고 했을 때 만약 오바마가 그 말에 따라서 민주당 경선에 나가지 않았다면 어떻게 되었을까? 미국의 44대 대통령은 힐러리 클린턴이 되었을지도 모른다.

오바마는 자신을 깊게 신뢰했다. 미국 대통령을 두 번이나 지내고 민주당의 정신적 지주였던 정치거물 빌 클린턴의 충고보다 스스로의 신념에 집중했다. 오바마에게 당시 필요했던 것은 부족한 능력을 키우는 것이 아닌 내면에 충실하고 내면의 목소리에 귀 기울이며 자신을 깊게 신뢰하는 마음습관이었다.

충고를 무시한 채 민주당 경선에 도전한 일 때문에 이후 빌 클린턴과의 관계는 틀어졌지만 오바마는 대인배였다. 힐러리 클린턴을 국무장관으로 기용해 그녀가 지닌 정치 능력을 충분히 발휘할 수 있도록 기회를 열어주었다.

　자신을 믿는 사람인지 아닌지는 눈빛과 자세에 드러난다. 불안한 눈빛, 희망을 잃은 눈빛, 침울한 눈빛, 흔들리는 눈빛을 가진 사람은 자신에 대해 끊임없이 의심하는 사람이다. 팔랑귀이기도 해서 주변에서 뭐라고 한마디만 해도 마음이 요동을 친다. 이런 사람은 타인의 신임을 얻을 수 없다. 자신조차도 믿지 못하는 사람이 어떻게 타인을 믿을 수 있을까? 세상도 의심 가득한 시선으로 삐딱하게 바라본다.

　이것이 지적 호기심이자 논리적이고 합리적인 의심이라면 좋겠지만 자신을 믿지 못하는 마음이 타인에게도 그대로 투영되어 세상과 사회에 대한 신뢰를 얻지 못하는 상태가 된다.

　이런 사람의 특징은 앉아 있는 자세에서도 드러난다. 다리를 꼬거나 팔짱을 낀다. 턱을 괴거나 삐딱한 자세로 앉아 있다. 등이 굽었거나 말투가 비아냥거린다. 이런 사람은 목소리가 좋지 않고 삑삑거리고 쇳소리가 난다. 외부 강연을 많이 다니기에 강연을 듣는 직원들의 눈빛만 봐도 그 회사가 어떤 가치를 추구하는지 가늠할 수 있다.

오바마는 자세가 꼿꼿하고 태도가 좋기로 유명하다. 자세와 더불어서 겸손하면서도 임팩트 있는 연설로 미국인뿐만 아니라 전 세계인의 마음을 사로잡았다. 눈빛이 맑고 힘이 있는 사람, 목소리가 건강하고 밝은 사람, 얼굴이 빛나고 걸음걸이가 힘찬 사람, 허리가 꼿꼿하고 눈빛이 안정된 사람은 부드러워 보이지만 강단이 있다. 적절한 균형이 이루어져 보기에도 좋고 하는 말에도 신뢰감이 깃들어 있다. 태도와 자세는 마음을 담는 그릇이다. 나를 믿는 것은 태도와 자세와 행동에 그대로 드러난다. 좋은 옷이나 헤어스타일로 겉모습을 꾸미는 것은 금방 한계를 드러낸다.

능력은 자기신뢰의 산물이다. 능력이 있어서 자신을 신뢰하는 것이 아니다. 자신을 신뢰하는 마음이 능력을 만든다. 언제든 능력을 갖출 수 있는 사람이라고 자신을 믿는 힘이 필요하다. 외부 환경이나 사회나 관습, 타인의 시선에 크게 가치를 둔다면, 내면에서 우러나오는 진실은 힘을 잃게 되어 있다. 능력을 쌓는 것도 자기신뢰를 바탕으로 이루어진다. 내가 나를 믿지 못하는데 어떻게 실력을 쌓고, 능력을 키울 수 있겠는가.

마음의 방향을 외부로 돌리기 전에, 내면으로 향해 진실한 나의 목소리와 마주할 필요가 있다. 이런 마음습관을 키우면 혼란한 상황에서도 우왕좌왕하지 않고 먼저 자기 자신과 대화를 하고 생각을 정리한다. 내면의 목소리를 믿기 때문이다. 자신을 신뢰하는 마음습관은 위기 속에서 그 진가를 발휘한다.

위기에서 가장 필요한 것은 고요하게 위기를 관찰하며 그 본질을 파악하는 관점이다. 위기가 닥치면 대부분의 사람은 우왕좌왕하다 최악의 선택을 하기 쉽다. 하지만 고요하게 내면에 집중하는 습관이 있는 사람은, 자신을 신뢰하며 위기 속에서 그 본질을 파악해 기회로 만든다.

어떤 일을 하기 전에 능력이 모자라서 못한다고 섣부른 판단을 내리는 것이 아니라 나를 신뢰해보자. 그러면 안전지대를 벗어나 도전을 택하는 일이 버겁지 않다. 능력을 탓하기 전에 어떤 마음습관을 가지고 있는지 성찰하는 시간을 갖는다면 자신을 신뢰하는 힘이 능력의 시작점임을 알게 될 것이다.

일상에
활력을 주는
청개구리 생각습관

1년 중 가장 독서하기 좋은 계절은 언제일까? 15년 동안 도서관에 발도장을 찍은 경험에 비춰봤을 때 도서관 주차장에 가장 차가 없는 계절은 꽃 피는 봄이다. 특히 4월 초반부터 중반까지 벚꽃이 피는 시즌에 도서관은 텅텅 빈다. 주차 전쟁도 없고 명당 자리 경쟁도 없는 봄은 그야말로 독서하기 가장 좋은 계절이다. 사람들이 꽃 구경에 집중할 때 나는 독서에 집중하면 그야말로 무릉도원이 따로 없다.

도서관을 통해 사람들과 반대로 하는 길에 경쟁자가 적다는 것을 알아챈 나는 평일에 휴식시간을 갖고 주말에 일을 해 보았다. 평일에 여행을 가면 어디든 한가하고 저렴하다. 부동 산은 금리가 오르고 거래량이 뚝 끊기면 구매한다. 사람들이 집을 팔면 그때 산다. 다시 사람들이 집을 사면 그때는 팔아야 할 시기이다. 청개구리처럼 생각하는 습관이다.

월 스트리트의 살아 있는 전설이라고 불리는 투자자 존 템 플턴은 "강세장은 비관주의에서 태어나 회의주의에서 성장하 며, 낙관주의에서 성숙하고, 행복 속에서 죽는다. 비관론이 극 에 달했을 때 매수하기 제일 좋은 시기다. 낙관론이 극에 달했 을 때는 매도하기 가장 좋은 시기다. 다른 사람들보다 좋은 성 과를 내고 싶다면 대중과 다르게 행동해야 한다"고 했다.

주식은 시장에 공포가 만연할 때 가장 싸다. 그때가 바로 주식을 사는 타이밍이다. 그런데 대부분의 사람은 비쌀 때 조 급한 마음에 사들이고 주가가 떨어지면 공포에 팔아 치운다. 가장 비쌀 때 시장에 진입하고 가장 쌀 때 시장에서 나온다. 반대로 해야 돈을 번다. 공포에 사고 환호에 팔아야 돈이 된 다. 하지만 사람들은 공포에 팔고 환호에 산다. 집단 압력에 굴복하지 않고 자신의 생각에 집중하는 것은 고집이 아니다. 모두가 비슷하게 생각한다는 것은 아무도 제대로 생각하고 있지 않다는 의미이다.

불경기가 시작되면 사람들은 지갑을 닫는다. 좀처럼 돈을 쓰지 않는다. 그때가 돈을 쓰기 가장 좋은 시기이다. 모든 것이 저렴해지기 때문이다. 사람들이 돈을 쓰지 않는 불경기가 되면 돈의 가치가 올라간다. 호경기에 사람들은 돈을 쓰지 못해서 안달이다. 명품을 사들이고, 플렉스 문화가 만연해진다. 호경기에는 돈의 가치가 떨어진다. 너도나도 돈을 쓰기 때문이다. 청개구리 생각법으로는 호경기에는 지갑을 닫아야 한다. 호경기가 지나가면 반드시 불경기가 찾아온다.

잠시만 남들과 반대로 생각해보자. 물건을 살 때도 마찬가지다. 나는 구매후기를 가급적 읽지 않는다. 타인의 의견이 나의 판단을 좌우하지 못하게 하기 위함이다. 그렇다고 모든 구매가 성공적이지는 않다. 그래도 내 판단으로 구매를 결정했으니 적어도 후회는 없다.

계약을 해도 1년 6개월을 기다려야 출고가 된다는 전기차를 눈여겨보고 있었다. 아무리 인기가 대단해도 실물을 확인하고 싶어 전시장에 갔다. 차 문을 열고 운전석에 앉는 순간, 이 차는 내가 원하는 차가 아니라는 걸 직감했다. 광고만 요란했지, 실내 인테리어가 정신없고 생각했던 것과 많은 차이가 있었다. 세상은 그 차에 환호했지만 내 취향과는 거리가 멀었다. 결국 그 차는 마음속에서 삭제되었다. 그 결정을 내린 것을 올해 최고의 결정으로 꼽고 싶을 정도다.

최근에는 온갖 광고의 각축전인 소셜미디어 앱을 모두 삭제했다. 물건을 사는 데 다른 사람의 의견을 참고할 필요를 느끼지 않는다. 분명 타인의 필요와 나의 필요가 다르다. 다른 것은 나쁜 것이 아니다. 서로 다를 뿐이다. 소셜미디어에서 좋다고 난리가 난 제품도 나에게는 그저 쓸모없는 물건이 될 수도 있다. 그럴 바에는 진심으로 내가 필요하다고 느끼는 물건을 스스로 결정해서 구매하고 싶다. 대세에 따르기보다는 내 마음을 따르고 싶다.

한참 줄을 서야 먹을 수 있는 식당은 아무리 맛있어도 가고 싶지 않다. 줄을 서는 걸 거부하고 싶기 때문이다. 일단 장시간 서 있으면 다리가 아프다. 허리도 아프다. 시간이 아깝다. 그 시간에 다른 걸 할 수 있다. 음식을 먹기 위해 소중한 시간을 쓰고 싶지 않다. 특히 그곳이 여행지라면 줄을 서는 대신 다른 경험을 하는 데 시간을 쓰고 싶다.

사실 무엇을 보든 항상 다른 관점에서 보려고 하고, 대세를 거스르고 트렌드를 거부하는 것은 처음에는 낯설고 어렵고 피곤하기까지 하다. 그래도 습관이 되면 자연스럽게 반대로 생각하는 관성이 굳어진다.

상식적인 것을 의심하는 생각습관은 많은 기회를 가져다준다. 이런 관점을 세상은 '창의적'이라고 한다. 남들이 다 가는 길은 너무나 경쟁이 치열하다. 레드오션에서 시간과 돈과 에너지를 쓰는 대신 느긋하게 한발 물러나서 반대로 생각해보면 어떨까? 남들이 다 가는 길이 나에게도 좋은 길일까?

감정을
습관의 편으로
만들자

인간은 감정의 동물이다. 감정을 배제한다는 것은 쉬운 일은 아니다. 하지만 매사에 감정적으로 대응하면 에너지가 고갈될뿐더러 감정과잉의 상태가 되기 쉽다. 일할 때나 다른 사람들과 사회적 관계를 맺을 때나 감정이 과도하게 들어가면 본인도 힘들고 타인도 부담스럽다. 자신의 감정을 객관적으로보는 태도가 꼭 필요하다. 감정과잉이 되면 객관성을 잃고 감정에 따라 행동할 가능성이 크다.

긍정적인 감정도, 부정적인 감정도 과하면 좋지 않다. "너무 많은 사랑은 당신을 죽일 것이다(Too Much Love Will Kill You)"라는 말이 있다. 사랑도, 미움도 지나치면 독이 된다. 자신의 감정을 한 발자국 떨어져서 바라보는 건 감정을 능숙하게 다루는 데 많은 도움이 된다. 너무 좋거나, 너무 싫거나, 너무 화가 날 때는 그 감정의 스위치를 끄고 제3의 세계로 잠시 머리를 식히러 가자. 독서를 하거나, 영화를 보거나, 산책을 하거나, 운동을 하면서 그 감정으로부터 잠시 벗어나보자. 그러면 감정의 실체가 객관적으로 보이기 시작한다.

한두 시간 다른 세계로 이동하는 것만으로도 들끓었던 감정의 소용돌이가 차분해지는 경험을 하게 될 것이다. 감정과잉 상태에서 조금만 마음의 온도를 내려주면 평온함을 얻을 수 있다. 습관은 평온한 상태에서 작동한다. 마음이 심하게 흔들리는 날은 일상이 쉽게 무너진다. 너무 사랑하거나, 너무 미워하거나, 너무 분노하면 인간은 아무 일도 할 수가 없다.

감정과잉을 증폭시킬 수 있는 음주나 하소연은 별 도움이 되지 않는다. 음주는 우울감을 증폭시키고 감정조절을 방해

한다. 하소연 상대도 잘못 만나면 감정과잉 상태를 악화시킬 수 있다. 미국의 16대 대통령 에이브러햄 링컨은 정치적 반대 세력에게 분노의 마음을 표출하는 편지를 여러 통 썼다. 하지만 그 편지는 부치지 않고 자신의 서랍 속에 고이 넣어두었다. 자신의 감정을 객관적으로 바라보고자 편지를 부치지 않은 것이다.

밤에는 감수성이 예민해져 쉽게 감정과잉이 된다. 밤에 쓴 편지를 아침에 읽는 것만큼 부끄러운 일은 없다. 습관이란 생각하지 않고 하는 행동이다. 감정이 지나치게 개입하면 행동으로 이어지는 데 시간이 걸린다. 생각하지 않고 행동해야 자동화된 습관으로 굳어지는데, 감정 때문에 시간과 에너지가 줄줄 샌다면 행동 자체가 부담스러워진다.

감정도 습관이다. 우리 뇌는 새로운 것보다 익숙한 것을 선호한다. 부정적인 감정이 습관으로 굳어지면 주로 그 감정을 선택한다. 감정은 진실이 아닐 수도 있다. 습관을 만들고, 유지하고, 루틴화하는 데 마음을 다스리는 일이 필수적인 이유다. 감정의 소용돌이에 빠지게 될 때 자신의 상태를 알아차리고 빠져나오는 것도 한두 번 경험해보면 어려운 일이 아니라는 것을 알 수 있다.

감정을 예민하게 알아차리고 능숙하게 다루는 일도 습관의 영역이다. 오늘 내 마음은 어디를 향해 있는가? 펄펄 넘치는 사랑으로 얼굴에 홍조가 돌 수도 있고, 분노가 들끓을 수도 있고, 참을 수 없는 미움으로 가득 찰 수도 있을 것이다. 이렇게 감정과잉일 때 머리와 마음을 차갑게 식히고 일상으로 돌아가자. 사람의 마음 용량은 의외로 크지 않다. 소모적인 감정에 마음을 내주지 말자. 평온함을 유지해서 마음의 에너지를 아껴두자.

습관이
흔들리는 마음을
붙잡아준다

15년 전, 독서를 처음 시작할 때는 즐겁기도 했지만 힘들고, 괴롭고, 외로웠다. 겨울이 되면 도서관은 몹시 추웠는데 나는 폭염이 지속되는 한여름에도 춥고 외로웠다. 감정이 요동을 치고 내가 여기서 뭘 하고 있는지 몰랐다. 남들과 다른 길을 걷는다는 자체가 두려움과 공포로 다가온 적도 많았다. 이렇게 새로운 인생이 시작되는 도서관에서 엄청난 양가감정과 싸우고 있었다.

20대의 끝자락에서 다른 이들처럼 평범하게 살지 않고 있는 내 모습이 두려웠다. 수없이 교차하는 감정들을 절제하고 계속 다른 길을 걸을 수 있었던 건 먼저 내가 처해 있는 현실을 냉정하게 바라본 덕분이었다. 나 자신에게 묻고 또 물었다. 정말 원하는 길이 무엇이냐고, 남들과 다른 삶을 살려고 이 길에 접어들었는데 왜 남들처럼 살지 못하는 걸 두려워하냐고.

정신을 가다듬고 감정을 글로 풀어냈다. 마음속에 엉킨 감정들을 글로 쏟아내니 내가 원하는 것이 무엇인지 분명해졌다. 그렇게 흔들리는 마음을 붙잡고 독서에 매진할 수 있었다.

책을 펼쳐보니 나만 이런 경험을 한 건 아니었다. 책 속의 수많은 저자가 나와 비슷한 과정을 거쳐 자신만의 길을 걸어갔다. 거기서 더 큰 확신을 얻기 위해 나는 더욱 독서에 빠져들었다. 잡생각이 내 곁에서 떠나가기를, 불안이라는 감정이 나를 삼키지 않기를. 그렇게 몇 년 동안 감정을 다스리는 훈련 아닌 훈련을 하게 되었고, 요동치는 감정 대신 차가운 이성을 작동시키기 위해 매일 도서관으로 출근했다.

그렇게 만 권의 책을 읽게 되었다. 15년 전의 나는 감정적인 인간이었을지도 모른다. 하지만 지금은 요동치는 감정이 얼마나 사람을 지치게 하는지 알고 있다.

기분이 심하게 오르락내리락하는 시기가 오면 일을 더 벌려놓는 습관이 있다. 해야 할 일이 태산 같으면 감정놀음에 소비할 에너지가 없다. 일상이 빡빡하게 흘러가면 어느새 요동치는 감정은 사라져 있다. 해야 할 일의 데드라인이 임박해올 때는 모든 에너지를 집중해야 하기 때문이다. 그렇게 말도 안 되는 일정을 소화해내면 해냈다는 안도감과 짜릿한 쾌감이 찾아온다. 알 수 없는 긍정적 에너지도 샘솟는다.

그 에너지를 동력 삼아 여기까지 왔다. 차가운 이성으로 해야 할 일에 집중할 때 나는 극한의 자기 효능감이 생긴다. 몇 년을 지속하면 내 삶의 모양이 된다. 완전한 습관으로 삶에 딱 붙어 자신을 떠나가지 않는다. 15년 전 오르락내리락하던 감정의 골은 사라졌다. 대신 차가운 이성을 발동시키고 빡빡하게 해야 할 일에 몰입하는 생활 루틴이 생겼다.

마음이 흐트러지고 감정이 요동칠 때면 오늘 끝내야 할 일에 집중하자. 최고의 결과를 끌어내는 힘은 반드시 오늘 끝내야 할 일이 있을 때 생긴다. 나는 오늘 원고 두 꼭지를 쓰겠다는 목표를 세웠다. 오늘 두 꼭지를 쓰지 못한다면 내일을 세 꼭지를 써야 하기 때문이다. 그리고 이 글은 목표량을 채운 원고다. 나는 이제 오늘 하루를 마감하고 잠자리에 든다. 오늘 해야 할 일을 끝냈기 때문이다.

행동은 거울처럼
마음을 반영한다

먹을 가까이하면 검어진다는 뜻의 근묵자흑(近墨者黑)이란 사자성어가 있다. 나쁜 사람과 가까이 지내면 나도 모르게 나쁜 행동을 하게 되고 결국에는 죄책감도 느끼지 못하게 된다. 사회에 해악을 끼치고 비리를 일삼는 회사에 다니면 사람은 환경에 지배받는 존재이기 때문에 알게 모르게 옳지 못한 가치관이 마음을 지배한다. 사회에 도덕적 해이가 만연해 있다면 그 영향은 반드시 개인에게 깊게 스며든다.

올바른 가치관을 지닌 사람들과 어울리다 보면 자연스럽게 건강한 사고방식이 뿌리내린다. 사람이 됨됨이를 볼 때 주변 사람들을 살펴보기도 한다. 그러면 이 사람이 어떠한 사고방식으로 세상을 대하고 있는지 짐작할 수 있다. 마음습관은 말습관을 만든다. 말습관은 주변 환경을 결정짓는다. 나쁜 마음을 품으면 나쁜 말이 자연스럽게 나오고, 나쁜 말습관으로 살면 좋은 사람이 곁에 올 리 없다.

오래 전 지인과 카페에 갔는데, 지인이 비치된 빨대를 한 움큼 챙겨서 본인의 가방에 넣는 걸 목격한 적이 있었다. 지인은 아무렇지도 않은 표정으로 "빨대를 돈 주고 사기에는 아깝고 집에서 꼭 필요해서"라고 이야기했다. 카페를 운영하는 자영업자가 돈을 주고 산 빨대를, 지인은 무단으로 그것도 한 움큼이나 가져갔다. 커피를 마시면 빨대를 한 움큼 가져가도 된다는 암묵적인 합의는 들어본 적이 없다. 나는 그 지인을 볼 때마다 그날 일이 떠오른다.

건전한 사고방식을 가진 사람은 생활 전반에 건강한 습관이 자리 잡고 있다. 맑은 마음에서 좋은 말이 나오고 좋은 말에서 바른 행동이 나온다. 아무렇지도 않게 교통법규를 어긴다거나 사회 규범을 우습게 아는 사람들과 어울린다면 그들의 마음과 말과 행동이 어느새 자신에게 스며든다.

그래서 사람을 볼 때 가장 먼저 살펴볼 점은 건전한 사고방식을 가졌는가이다. 아무리 재력이 있고 권력을 가진 사람이라 하더라도 건전한 사고방식을 갖고 있지 않다면 그 사람은 생활 전반의 습관이 건강하지 않을 가능성이 크다.

불건전한 사고방식으로 세상을 대하는 이와 가까이한다면 잘못을 가볍게 여기고 옳지 못한 일에 둔감해진다. 이런 사람이 한둘이 아니라 다수가 된다면 사회 문화가 형성된다. 사회 문화를 만드는 것도 결국 한 사람 한 사람이 가진 마음습관이다.

그리스는 여러 차례 국제 통화 기금의 도움을 받을 만큼 경제적으로 몰락했다. 그 원인은 부유층에 만연하게 퍼진 탈세와 부패에 있었다. 그리스에서는 집에 수영장이 있으면 세금을 매긴다. 수영장 보유자는 자진신고를 하라고 공지했더니 아테네에서는 300명이 신고했다고 한다. 하지만 구글 어스로 살펴보니 수영장이 있는 집은 1만 7천 개에 달했다. 수영장이 있는 집의 약 2%만 자진신고를 하고, 나머지 98%가 탈세를 하고 있는 셈이었다. 이처럼 부유층에 탈세와 부패가 만연하니 자연스럽게 국가적으로 부도덕한 문화가 형성된 것이다.

행동은 거울처럼 마음을 반영한다. 나 하나쯤이야라는 생각을 자주 한다면 스스로 마음습관을 돌아볼 수 있는 기회다. 사람이 품은 마음은 전염성이 크다. 사회의 분위기를 만드는 사람은 남이 아니다. 나부터 시작한다. 나는 사회에 건강한 분위기를 만드는 사람인가, 아니면 그 반대인가.

비교에
마음을
빼앗기지 말자

비교는 인간의 본능일지도 모른다. 머나먼 원시 시절부터 살아남기 위한 수단이었다. 남들이 뭘 얼마나 어떻게 하는지 알아야 생존이 가능한 시절의 DNA가 남아 있어 우리는 시시때때로 타인과 자신을 비교한다. 연봉, 외모, 성격, 성적, 재산 등 모든 것이 비교의 대상이다. 이런 비교는 때론 질투와 분노로 이어지기도 한다. 남들은 가졌는데 나만 못 가졌다는 생각이 불쑥 튀어 오르는 것이다.

사회가 경제적으로 성숙하고 풍요로워지면 구성원들은 더 행복할까? 행복지수 1위 국가는 부탄이다. 부탄은 그리 풍족한 나라는 아니지만 국민의 97% 자신을 행복하다고 생각한다. 우리나라는 국민소득이 3만 달러가 넘는데도 자신이 행복하다고 느끼는 사람은 5%에 불과하다. 우리나라 국민은 주관적 삶의 만족도가 낮다. 다들 넉넉하지 않던 시절에는 격차가 크지 않으니 불행할 이유를 발견하기 어려웠다. 비교대상과 자신 사이에 너무나 큰 차이가 있고, 그것을 메울 수 없다는 절망감이 들면 행복하다 느끼지 못한다.

행복의 기준은 무엇인가? 기준이 다양하지 못한 사회는 정신적으로 건강하지 못하다. 남과 비교하기 좋은 조건이 있다. 획일화된 기준이다. 나이, 성별, 전공, 결혼 여부, 자녀 유무, 사는 지역이 같으면 타인과 비교하기가 수월하다. 특히 숫자로 나타낼 수 있는 것이라면 더욱 비교하기가 쉽다. 기준이 무척 단순하니 남들과 비교해서 조금이라도 내가 부족하면 자신에게 유죄판결을 내린다. 하지만 어떻게 행복의 기준이 이렇게 단순하기만 할 수 있겠는가.

사회는 우리가 생각하는 것보다 훨씬 다양한 사람들이 살아가고 있지만 실질적으로 그 사람들을 모두 만나볼 수 없으니 시야는 좁아지고 나와 비교 조건이 비슷한 사람들만 보인다. 어느 정도 접점이 있는 사람들만 보이는 SNS는 비교하는 습관을 만들어주기까지 한다. 한번 비교하기 시작하면 세상 만물이 비교대상으로 보인다. 비교도 마음습관의 일종이다.

행복지수 2위는 덴마크다. 덴마크에서는 일의 귀천을 따지지 않는다. 자신이 좋아하는 일을 하는 것이 당연하게 여겨진다. 그래서 사람들은 일에 대한 만족도가 높다. 대학까지 무상교육을 지원해주고 학벌과 직업의 차별이 없다. 따라서 입시교육에 얽매이지 않고 저마다의 개성을 존중한다. 내가 남과 다름을 인정하면 비교가 얼마나 부질없는 것인지 알게 된다. 덴마크는 명품매장이 흔하지 않다. 명품으로 과시할 필요가 없으니 명품 수요가 적다. 명품을 욕망의 대상이나 행복의 기준으로 삼지 않는다는 의미다.

조금이라도 비교하는 마음이 들 때는 다양한 기준을 떠올

려보자. 비교하는 마음이 스며든다는 건 그만큼 시야가 좁아
지고 생각의 폭이 줄어들었다는 의미이다. 좀 더 넓은 세상을
보고, SNS에 자랑질을 일삼는 사람들을 여유 있는 마음으로
바라보자. 그들은 어쩌면 마음이 공허할지도 모른다.

세상에 모든 것을 다 가진 사람은 없다. 다만 SNS에서는
찰나의 순간에 그렇게 보일 뿐이다. 한낱 허상에 불과한 이미
지에 마음을 빼앗기지 말고 좀 더 자신에게 집중해보자. 그들
에게는 없는 장점이 당신에게 반드시 있을 것이다.

감사한 것은
되새기고
표현하자

사람이 살아가는 데 필요한 요소는 물, 공기, 햇빛이다. 이 3가지는 당연하게 우리 곁에 항상 존재하고 있어 별다른 고마움을 느끼고 살지는 않는다. 물과 공기와 햇빛이 없으면 인간은 단 한순간도 살아갈 수 없는데도 감사함을 표현하지 않는다. 곁에 있는 것을 너무 당연하게 받아들이고 있는 건 아닐까? 지구의 어딘가에서는 우리가 당연하게 누리는 것들이 부족해 생명의 위협을 느끼는 사람들도 있다.

사회가 제대로 돌아가려면 구성원들의 노동력이 필요하

다. 우리는 타인의 노동에 기대어 살아가고 있다. 사회의 가장 낮은 자리에서 묵묵히 일하고 계신 분들 덕분에 쾌적한 생활을 누리고 있다. 단 한마디라도 좋으니 타인의 노동에 대해서 진심으로 감사함을 표현해보자.

눈이 아주 많이 내린 어느 겨울, 아직 동이 트지 않은 캄캄한 새벽이었다. 나는 아침 7시에 문을 여는 도서관에 가려고 새벽 버스를 기다리고 있었다. 눈이 그렇게 많이 오는데도 버스는 제시간에 도착했다. 버스 기사님이 그렇게 고마울 수가 없었다.

버스에서 내려 무릎까지 쌓인 눈을 힘겹게 밟으며 도서관의 오르막을 헤쳐 나갈 때 누군가는 그 눈밭을 쓸고 있었다. 도서관을 미화하시는 분이었다. 아직 볕도 안 드는 새벽에, 누구보다 먼저 눈을 치우고 계신 그분의 존재가 그렇게 크게 다가온 적이 없었다. 그날 감사한 것들을 참 많이 되새겼다. 나는 수많은 사람의 도움으로 도서관에서 도착해서 안락하게 독서를 할 수 있었다.

바깥은 차디찬 겨울이었지만 난 그분들의 온기로 가슴이

뜨거워졌다. 눈 내린 새벽 도서관까지 안전하게 이동하게 해준 기사님, 무릎까지 차오르는 눈을 치우고 계신 도서관 미화원 어르신. 폭설이 내린 날에도 도서관 구석구석 제대로 불을 밝히고 따듯하게 난방을 켜놓아두신 보이지 않는 도서관 관리인분들. 이분들의 도움이 없었다면 나는 영혼의 안식처인 도서관을 제대로 이용하지 못했을 것이다.

사회의 곳곳에 불을 밝히고 사람들이 알아주지 않은 일을 묵묵히 하는 존재 덕분에 오늘도 우리는 무탈한 하루를 보낼 수 있다. 세상만사가 감사해야 할 일 천지다. 당연한 걸 당연하게 생각하지 않는다면 오늘도 진심으로 감사하는 하루를 보낼 수 있다. 사람은 서로가 서로에게 기대어 산다. 우리가 기대어 사는 사회의 구성원들에게 진심으로 감사하는 마음을 갖고 한마디라도 감사의 인사를 건네보자.

내가 잘나서 무언가를 잘 해내고 있는 것 같지만 내가 그것을 잘 해내기 위해서 수많은 사람의 도움이 필요하다. 내가 잘나서가 아니라 많은 사람 덕택으로 내가 열매를 따 먹은 것에 불과하다. 그러니 범사에 감사하는 마음으로 살고 반드시 그 마음을 표현하는 습관을 가져야 한다. 진심을 다해 감사하다고 표현해보자. 이번에 감사하지 않으면 다시 열매를 딸 기회는 없을지도 모른다. 행운의 여신은 감사하는 마음을 표현하는 자에게 온다.

고양이 두 마리를 키우고 있어서 비염과 함께하는 일상을 보내다 보니 이비인후과와 친해졌다. 도서관과 가까운 거리의 이비인후과를 검색하다 한 병원에 내원하게 되었다. 환자는 나 혼자였다. 대기 없이 진료를 보는 건 좋았지만 병원 운영이 내심 걱정되었다. 하지만 내 걱정은 기우였다. 그 이비인후과에 환자가 없는 이유는 단순히 개원한지 얼마 안 되었기 때문이었다.

진료가 끝나고 의사 선생님은 내게 "감사합니다"라고 인사했다. 환자에게 감사 인사를 하는 의사 선생님은 처음 보았다. 보통 환자가 의사에게 하는 말이지, 의사 선생님이 환자에게 하는 말은 아니다. 나는 그 감사 인사에 문화적 충격을 받을 정도였다. 통상적으로 하는 인사말이 아닌 진심이 느껴지는 말이었다. 전에 코로나 백신 접종을 할 때 다른 병원의 의사 선생님은 얼굴도 보는 둥 마는 둥 했는데, 이 친절한 의사 선생님은 문진도 꼼꼼하게 하고, 접종을 마치고 나서는 "감사합니다"라는 인사도 빼먹지 않았다.

당연히 이 병원은 입소문이 퍼졌고, 지금은 오전에 이미 하루 진료가 마감되어 오픈런을 하지 않으면 진료를 받을 수 없는 병원이 되었다. 그 이비인후과를 검색해보니 동네명의로 리뷰가 도배되어 있다. 나도 리뷰를 썼다. 감사의 힘이 열성적인 리뷰를 작성하게 했다. 진심 어린 "감사합니다"라는 말의 힘은 참으로 컸다.

끝까지 가본 경험이
인생의 재산이 된다

15년 전 스물아홉 무렵이었다. 직장생활 5년 차. 내 미래가 어렴풋이 그려지기 시작했다. 이대로 안일하게 살다가는 당장 잘리지는 않겠지만 회사에서 영향력이 거의 없는 투명인간이 될 것이 분명했다. 내가 원하던 모습은 이게 아닌데. 아무런 무기 없이 회사에 들어온 사회초년생 시절을 지나 5년이라는 시간을 보냈다. 이대로 계속 별 성과 없이 목숨만 부지하다가 10년 후쯤 설 자리가 없어지고 마흔에는 또다시 사춘기 아이처럼 진로를 헤매고 다닐 상황이 눈에 선했다. 암울한 미래가 현실로 다가오고 있었다. 아무것도 이룬 것 없는 스물아홉이라 뒷골이 당기기 시작했다.

어쩌다가 이렇게 되었는지 몇 날 며칠을 생각하고 또 생각해봤다. 되돌아보니 끝장을 본 경험이 없었다. 무슨 일이든 하다가 중간에 흐지부지하는 습관이 태도가 된 것이다. 태도는 한번 세팅되면 바꾸기가 힘들다. 안일하게 장밋빛일 거라고 예상했던 내 인생은 흐지부지한 태도로 뒤덮여 먹구름이 잔뜩 끼어 있었다. 이대로는 살고 싶지 않아서 발버둥을 쳤다. '그래! 뭐든 시도해보고 적어도 성과가 보일 때까지 끝장을 보자!'고 결심했다.

20대 초반부터 독서에 몰입하고 싶었지만 차일피일 미룬 게 10년 가까이 되었다. 마음 한편에 커다랗게 자리 잡고 있던 독서에 대한 갈망을 풀고 싶었다. 독서마저 흐지부지 아무것도 아닌 채로 끝내고 싶지는 않았다. 이왕 하는 일 끝장을 봐야 했다. 여기서도 중간에 포기한다면 나는 앞으로 긴 인생을 사회에서 낙오된 채 영향력이 전혀 없는 식물인간으로 살아가야 한다는 걸 그때쯤 어렴풋이 알게 되었다.

주말에는 무조건 도서관에 갔다. 좋은 자리를 차지하려면 오픈런은 필수다. 미래에 대한 고민 때문인지, 더 이상 떨어질 곳이 없다는 절박함 때문인지 독서는 끝장을 봤다. 주말 아침 7시에 도서관에 입장해서 밤 11시가 되어야 집에 갔다. 젊은 혈기에 가능했을지 몰라도 몰입한다는 쾌감은 무기력하던 생활에 활기가 되었다.

월급날이 되면 책을 사들였다. 사막에 폭우가 쏟아지듯이 폭풍독서를 했다. 그렇게 책을 읽자 밥 먹듯이 지각을 했던 내가 3시간 일찍 회사에 도착해서 아무도 없는 사무실에 앉아 책을 읽었다. 업무시간 30분 전에는 책을 덮고 그날의 업무 준비를 했다. 일을 대하는 태도가 변하게 됐다. 독서를 하자 내 문제가 무엇인지 스스로 알 수 있었다. 뼈아픈 자각이었다.

무엇이든 끝까지 물고 늘어지면 경험이 쌓인다. 몰입하는 즐거움, 슬럼프를 극복하는 과정, 최선을 다했다는 짜릿함, 강약을 조절하는 방법, 역량을 키우는 자기 효능감 등 끝까지 물고 늘어지는 경험이 온몸에 체화된다.

사람은 몸으로 배운 것은 잊지 않는다. 중간에 포기하지 않고 끝장을 보는 습관은 몸이 기억한다. 무엇보다 끝장을 본 사람은 후회하지 않는다. 후회 없이 사는 사람은 젊음을 그리워하지 않는다. 나는 스물아홉에 최선을 다했고 그때의 선택에 후회가 없다. 다시 그때로 돌아가고 싶지 않다. 다시 젊어지고 싶지 않다. 모든 걸 쏟아부은 경험을 했기 때문이다.

시간이 많이 흐른 후에 우리는 무엇을 후회하게 될까? 넷플릭스 드라마를 정주행하지 못한 걸 후회하게 될까? 알록달록한 낙엽이 온 세상을 덮은 맑은 가을 하늘에 단풍놀이를 가지 않은 걸 후회하게 될까? 아니면 자신의 한계를 시험하지 않은 걸 후회하게 될까? 청춘은 길지 않다. 찰나에 스쳐 지나간다.

'젊어서 고생은 사서 한다'의 의미는 자신의 한계를 시험해보라는 것이다. 청춘이 가진 혈기와 체력으로 그나마 덜 고생을 하기 때문에 젊어서 미리 경험을 해두라는 의미다. 나이가 들면 각종 의무가 기다리고 있어서 운신의 폭이 좁아진다. 끝장을 보고 싶어도 발목을 잡는 요소가 많다. 그래서 고생은 젊어서 해두라는 의미이다. 그 경험이 기나긴 인생 내내 피가 되고 살이 되어준다.

중간에 포기하며 사는 마음습관은 이미 후퇴다. 나는 그대로일 테지만 세상은 계속 변한다. 안일하게 사는 자신을 정당화하는 순간, 안일함이라는 달콤한 껍데기는 우리를 감싸 안을 것이다. 껍데기는 환경을 만들고, 주변에는 안일한 사람들로 들끓을 것이다. 안일함이라는 선글라스를 끼고 세상을 바라보면 늘 가던 길만 보이고, 시야는 과거에 멈춘다.

과거에 머물러 있는 사람은 미래를 이야기하지 못한다. 지금 이 시간을 안일하게 포기하는 일이 익숙해진다면, 끊임없이 과거를, 이 시간을 후회하며, 현재를 살지 못한다. 먼 훗날, 오늘 이 시간을 후회할 것인가? 자랑스러워할 것인가?

스스로 깨닫고
꺼내야 하는
재능

만화가가 되고 싶었다. 하지만 나에겐 그림을 그리는 재능이 없다. 사람에게는 선천적 재능과 후천적 재능이 있는데 아쉽게도 만화가의 재능은 선천적으로 타고나야 하는 영역이었다. 물론 그림 연습을 하지 않은 것은 아니다. 열심히 그리면 그릴수록 선천적 재능의 영역이라는 것을 뼈저리게 느꼈다. 만화가가 되고 싶었던 이유는 출근을 하지 않고 창작자로 산다는 게 그저 멋져 보였기 때문이다. 만화가가 되고 싶었던 시절은 1990년대 후반이었는데 그때 내가 아는 유일한 창작자

프리랜서는 만화가였다.

만화가는 집에서 일하면서 하고 싶은 일은 다 하면서 사는 것처럼 보였다. 그들의 작품세계는 또 어찌나 멋있는지 만화 덕력을 발휘하며 기름종이에 그림을 베끼곤 했다. 당시 내 주변에는 본격적으로 만화가의 길을 걷는 친구들이 많았다. 왜 나에게는 그런 재능이 주어지지 않았는지 답답하고 원망스러웠다. 손재주가 없는 걸 누구 탓을 하겠는가? 그래도 절망하지는 않았다. 안타깝지만 만화가의 꿈은 재능 없이는 어렵다는 것을 일찌감치 깨닫고 다른 길을 탐색했다.

그렇게 세월이 흘러 프리랜서의 꿈은 저 멀리 달아나고 직장인이 되었다. 직장인은 크게 재능이나 적성이 중요하지는 않았다. 나는 그저 어른이 되고 내 앞가림을 하는 것이 무엇보다 중요한 일이 되어버렸다. 창작자의 꿈은 접어두고 하루하루 꾸역꾸역 출근을 하던 어느 날, 더 이상 이렇게 사는 건 인생을 낭비하는 일이라는 결론에 이르렀다. 나는 대체 무엇이 되고 싶었던 걸까? 내가 진짜로 하고 싶은 건 무엇이었을까?

직장생활을 하다 보니 뼛속까지 현실적이고 계산적인 사람이 되어가고 있는 나였다. 문득문득 그런 내 모습을 발견할 때면 눈물이 날 만큼 갑갑하고 애처로웠다. 직장인 사춘기가 온 것이다. 직장인이라면 누구나 겪을 수밖에 없는 시기이지만 유연하지 못한 사고방식에 갇혀 직장을 탈출하는 일이 지상최대의 과제가 되어버렸다. 결국 나는 퇴사했지만 이내 백수가 되고 앞길이 막막해졌다. 처음으로 서른 살 먹은 어른아이의 민낯을 보게 되었다.

재능도, 내세울 만한 경력도 없이, 그야말로 손에 쥔 무기도 없이 정글에 내던져진 기분이었다. 그렇게 지내다가 글을 쓰는 재능이 있다는 걸 발견했다. 아마 내가 회사를 계속 다니고 있었더라면 글을 쓰는 재능을 영원히 발견하지 못할 가능성이 크다. '열 길 물속은 알아도 한 길 사람 속은 모른다'라는 속담이 있다. 물은 아무리 깊어도 그 깊이를 가늠할 수 있지만 사람은 자기 안에 무엇이 들어 있는지 꺼내 보기 전까지는 알 수 없다.

만화가가 되고 싶던 나는 작가가 되었다. 만화가도 작가이고 책을 쓰는 나도 작가이니 꿈을 이룬 셈이다. 만화는 그림과 글로 이루어져 있다. 어린 나의 좁은 시야로 만화를 볼 때 그림밖에 보이지 않았던 것이다. 왜 그때는 글을 써 볼 생각을 하지 않았던 것일까? 사람은 환경의 동물이다. 그때는 주변에 그림을 그리는 사람은 많아도 글을 전문적으로 쓰는 사람은 없었다. 나에게 글을 쓰라고 하는 사람도 없었다.

글을 쓰는 재능은 수면 아래에서 깊이 잠을 자고 있다가 태어난 지 30년 만에 꿈틀거렸고 세상에 모습을 드러내기까지는 7년이라는 세월이 더 필요했다.

내 인생 책인 페터 비에리의 《리스본행 야간열차》에 이런 문장이 나온다.

"우리가 우리 안에 있는 것들 가운데 아주 작은 것들만 경험할 수 있다면 나머지는 어떻게 되는가?"

우리가 살아온 환경이라는 울타리 안에서 경험할 수 있는 것은 아주 작다. 주변에 온통 그림을 잘 그리는 사람만 있는 환경에서 살아온 나는 나에게 없는 재능을 안타까워하며 소중한 시간을 보냈다. 남들이 가지고 있지 않은 진짜 재능을 꺼내보지도 않은 채, 남이 가진 재능을 부러워했다.

만약에 내가 남이 가진 재능을 부러워하면서 평생을 허송세월했다면 어떤 인생을 살고 있을까? 생각만 해도 끔찍하다. 사람은 누구나 자신 안에 깊은 잠을 자고 있는 꺼내지 않은 재능이 있다. 이 재능은 스스로 깨닫고 꺼내야 한다. 그 누구도 "이것이 네 재능이다"라고 알려주지 않는다. 환경 탓을 아무리 해보았자 재능은 발견되지 않는다.

재능이 쉽게 발현되는 사람도 있지만 우여곡절 끝에 발견하는 경우도 있고, 진흙 속에서 진주를 캐내듯이 꼭꼭 숨어 있어서 뒤늦게 발견되는 경우도 있다. 하지만 자신을 찾는 여정을 차근차근 걷는다면 시간이 얼마나 걸리든 그 길은 의미가 있다.

재능은 선물이다. 이 재능이라는 선물을 과정 없이 쉽게 받는 경우에는 거기에 의존해서 인생을 망칠 수도 있다. 그래서 이 재능이라는 선물은 늦게 받는 편이 유리할 수도 있다. 왜 나에게는 재능이 없냐며 하늘을 탓하기보다 선물을 기다리는 마음으로 두근두근한 일상을 보내는 편이 정신건강에도 좋다.

셰익스피어는 세상에는 좋은 것도 나쁜 것도 없다고 했다. 단지 우리 마음이 그렇게 만들 뿐이다. 재능 있는 사람을 부러워하는 데 마음을 쏟지 말고 그 방향을 바꿔 내면의 심리상태를 통제하자. 당신이 부러워하는 그 재능보다 훨씬 큰 선물이 내 안에 깊숙이 자리 잡아 세상에 나갈 준비를 하고 있는데, 다른 사람의 재능을 부러워하는 데 에너지를 모두 쏜다면 자신의 재능은 발견되지도 못한 채 깊은 곳에서 잠만 자고 있을 수도 있다.

자신에게
여유와 즐거움을
맘껏 허락하자

새로운 습관을 만들고 싶다면 마음의 여유가 있어야 한다. 마음의 여유가 있는 사람이 시간의 여유를 만든다. 시간의 여유를 만드는 것 자체가 좋은 습관이기 때문이다. 마음의 여유가 새로운 습관을 삶에 정착시키고, 습관을 통해 효율적으로 시간의 여유를 만드는 선순환이 시작된다. 습관도 패턴이다. 좋은 습관이든 나쁜 습관이든 그 습관이 편안하고 익숙한 탓에 계속하게 된다.

사실 나는 노력형 인간과는 거리가 멀다. 노력은 인생 우선순위에서 배제했다. 나의 습관 패턴 중에 노력하는 건 익숙지 않아서 노력을 하지 않고 있는지도 모르겠다. 노력보다 내게 중요한 건 '인생에서 어떤 즐거움을 찾을 것인가, 그 즐거움으로 나에게 어떤 여유를 선사할 것인가'다. 노력만 죽어라 하는 생활에서 즐거움을 발견할 만한 여유는 쉽게 생기지 않는다. 독하게 살고 싶지도 않다. 독하게 살다가 미간에 주름만 생기고 얼굴은 울상이 되어간다.

독하게 살다 독기가 빠지면 죽는다는 말이 있다. 즐겁게 살아도 모자란 한 번뿐인 인생을 무엇을 위해서 그렇게 살아야 한단 말인가.

매일 책을 읽고 글을 쓰는 건 독하게 사는 것과는 거리가 멀다. 독을 품을 정도로 자신을 괴롭혀 가면서 모질게 뭔가를 해야 한다면 인생이 불행하고 재미가 없을 것이다. 삶은 아름답다. 즐거움은 도처에 가득하다. 여유는 누군가 가져다주는 것이 아니라 내 마음속에 있다.

내 인생의 모토는 즐기는 것이다. 즐겁지 않다면 단 한 순간도 시간을 쓰고 싶지 않다. 사람은 놀 때 자신의 능력을 가장 잘 발휘한다. 땀이 나고 숨이 차도 놀이 자체에 집중할 수 있다. 싫어하는 일이라면 상황이 달라진다. 싫은 일을 하면서 땀이 나고 숨까지 차오르면 지옥이 따로 없다.

싫은 일을 지속하면 스트레스가 쌓이고 이 스트레스는 반드시 어딘가로 분출된다. 술에 의존하기도 하고, 꾹꾹 눌러뒀던 화가 걷잡을 수 없이 터져 나와 곁에 있는 소중한 사람들과 점점 멀어진다. 평생의 업으로 먹고살아야 한다면 이왕이면 즐거운 마음으로 할 수 있는 일을 하는 게 낫지 않을까? 자신의 직업이 너무 싫어서 퇴근시간만 기다리는 삶보다 일과 놀이를 구분하지 못할 정도로 좋아하는 일을 하면 일터는 놀이터가 된다.

나는 책을 읽고 글을 쓰고 강연을 하는 일 자체에 희열을 느낀다. 세상에서 가장 재미있는 일이 책을 읽고 글을 쓰고 강연을 하는 것이다. 자신이 하는 일을 즐거워해야 지속할 수 있고 깊이 파고들 수 있다. 즐거워하는 마음이 있어야 더 성장할 수 있다. 억지춘향은 오래가지 못한다.

하지만 좋아하는 일을 하면서 매 순간 행복하지만은 않다. 고통스러울 때도 있고 힘들 때도 있다. 고통이 있어야 기쁨이 있고, 힘들 때가 있어야 더 높은 경지의 희열을 느낄 수 있다. 여정이 힘들수록 성취감도 크다. 자신에게 즐거움과 여유를 허락하는 마음도 습관이다.

마음도 사람마다 패턴이 있다. 남들은 지루하다는 와중에도 재미를 깨알같이 찾아내는 사람, 세상이 점점 각박해지는데도 넉넉하게 베풀 줄 사람, 혐오와 차별로 편 가르는 데 몰두하는 사람이 많다 해도 누군가는 연대와 공존을 모색한다. 반복은 습관을 만든다. 지루함 속에서 재미를 찾아내는 사람은 잡초를 뽑더라도 명상의 시간으로 만들 수 있다. 세상이 각박해지는데 넉넉하게 베풀 줄 아는 사람은 돌려받지 못한다는 것을 알면서도 주는 자체에 희열을 느낀다. 혐오와 차별로 물든 세상에서도 연대와 공존을 모색하는 사람은 자신과 다른 사람일수록 더 많이 배울 수 있다고 생각한다.

우리의 뇌는 필사적으로 익숙함을 유지하려고 한다. 가장 편한 길을 추구하려는 것은 인간의 본성이다. 익숙함을 유지하는 건 조금도 불편하지 않다. 지금 어떤 습관을 필사적으로 유지하려고 하는가? 습관을 만드는 일은 남에게 위임할 수 없다. 삶의 습관이 오로지 나의 몫이라면 어떤 마음습관을 자신에게 선사하고 싶은가?

좋은 마음습관은 스스로를 믿게 하는 놀라운 힘이 있다. 마음에 스트레스를 가득 담는 대신 스스로에게 여유와 즐거움을 선사하는 근사한 마음습관을 가진다면 인생의 방향은 달라질 것이다.

우리가 지금 하는 말은
영원히 메아리가 되어 남는다.
말을 내뱉을 때 가장 먼저 듣는 사람이
바로 자신이기 때문이다.
한번 내뱉은 말은 다시 주워 담을 수 없다.
사소한 말습관은 내 얼굴이 된다.
평소의 말습관이 운명의 흐름을 만든다.

4장

말습관이
운명을 만든다

좋은 운도
달아나게 하는
말습관

음식점 앞에서 습관처럼 비싸다고 투덜대는 사람이 있다. 이미 음식점을 고를 때부터 천 원이라도 싼 음식을 찾고자 두리번거리지만 이미 하늘을 찌를듯한 인플레이션으로 인해 서민 음식의 대표인 국밥마저도 만 원이 넘은 지 오래다. 가뜩이나 코로나 사태로 공급망이 붕괴되어 식용유는 23%가 올랐고, 한 판에 5천 원대의 안정세를 보였던 달걀도 8천 원이 되었다. 식자재값이 고공행진해도 사장님들 입장에서는 음식 가격을 천 원 올리는 것도 부담스럽다. 당장 손님이 떨어져 나갈 것이 분명하기 때문이다.

이런 상황인데도 음식 가격이 비싸다고 투덜대며 10분이 넘도록 조금이라도 저렴한 식당을 찾는 사람이라면, 같이 밥을 먹으러 간 일행들은 할 말을 잃는다. 다시는 이 사람과 밥을 먹지 않겠다고 속으로 결심한다. 마침내 들어간 식당에서 주문을 하고 나서도 비싸다는 타령을 하며 미간을 찌푸린다.

아무리 성격이 무던한 사람일지라도 이렇게 계속 투덜대는 사람을 앞에 두고 도망간 밥맛이 다시 돌아올 수 있을까? 같이 식사를 하던 일행은 이미 기분이 상해 밥이 코로 넘어가는지 입으로 넘어가는지 모르는 상태로 밥을 먹는다. 평소 같으면 식사 후에 커피라도 같이 마셨겠지만 진절머리가 나서 곧바로 헤어진다.

식사에도 예절이 있는 법인데, 밥맛을 돋구어주기는커녕 있던 밥맛조차 투덜거림으로 달아나게 하는 것도 무례다. '비싸다'가 입에 붙어버린 상태라면 아무도 그 사람과 다시 만나고 싶지 않을 것이다.

재화와 서비스의 가격에는 이유가 있다. 번화가 1층에서 식당을 운영하는 사장님은 국밥을 만 원을 받지 않는다면 가게를 유지할 수 없을 것이다. 매달 나가는 임대료에, 치솟는 식자재 물가에, 직원 월급을 주고 나면 남는 것이 없을지도 모른다.

아침부터 나와 식재료를 다듬고 장사 준비를 하고 따뜻한 국밥을 손님들에게 제공하기 위해 마르고 닳도록 움직였을 것이다. 비싸다고 투덜거리는 대신 나와서 주린 배를 채워줄 국밥 한 그릇을 만 원이라는 가격에 먹을 수 있다는 것에 감사하는 마음을 가지면 어떨까? 같이 밥을 먹으러 온 일행 앞에서 미간을 찌푸리며 비싸다고 투덜거리기 전에 추운 겨울 같이 식사를 할 수 있음에 감사한다면 어떨까? 적어도 사람은 잃지 않았을 것이다.

투덜거리는 말습관을 가진 사람은 좋은 인연을 만들기가 힘들다. 투덜거리는 사람과 같이 밥을 먹고 싶은 사람은 없을 것이다. 특히 식사할 때는 밥맛을 떨어지게 하는 언행은 하지 않는 것이 좋다. 예민한 사람은 밥을 먹다가도 그런 소리를 들으면 소화가 잘되지 않는다. 같이 식사하는 사람을 배려

하지 못하면 결국 아무도 그 사람과 밥을 먹고 싶어 하지 않을 것이다.

주변에 사람이 붙지 않는데 운이 좋을 리가 없다. 말습관은 운명의 고리를 만드는 핵심이다. 투덜거리는 말습관을 가진 사람은 외롭게 살 운명이다. 자신의 투덜거리는 말습관이 고독한 운명을 만들고 있기 때문이다. 1년 365일을 외롭다고 아무리 외쳐 보아도 운명은 쉽사리 고쳐지지 않는다. 같이 밥을 먹는 것조차 거북한데 어떻게 사람이 붙어 있겠는가. 투덜거리는 말습관은 굴러 들어온 복도 멀리 달아나게 만든다.

만날 때마다 투덜거리는 사람이 있다면 기분을 망칠 가능성이 크니 만남 자체를 피하는 것이 좋다. 그것을 들어주는 일에도 에너지 소모가 크다. "돈이 없다"는 말을 달고 사는 사람도 만나지 않는 편이 좋다. 부정적인 에너지가 사방에 퍼져 결국 그 말을 듣는 사람에게 좋은 기운이 아니라 궁색한 기운이 전해지기 때문이다.

투덜거리는 말습관을 가진 사람은 매사에 감사할 여유가

없다. 마음이 궁색하기 때문이다. 마음이 궁색한 사람은 표정이 어둡고 얼굴이 울상이다. 피부에 윤기가 없고 흙빛에 가깝다. 마음은 말로 투영되고 말은 행동을 불러온다. 말습관과 마음습관, 행동습관은 고리처럼 서로 연결되어 있다. 궁색한 마음은 삐딱한 말을 만들고 삐딱한 말은 비뚤어진 행동을 만든다.

마음습관이 말습관을 만들고, 말습관이 행동습관을 만든다. 궁색한 마음은 좋은 운과 함께할 수 없다. 마음이 바뀌면 말이 바뀌고 말을 바꾸면 행동이 바뀐다. 마음습관, 말습관, 행동습관은 운명의 연쇄 반응이다.

자성예언으로
습관을
설계하라

올해 결혼 9년 차이지만 살림은 여전히 능숙하지 못하다. 요리는 물론이고 정리 정돈이나 청소 등 집안일이라고 통칭되는 모든 일을 잘한다고 볼 수 없다. 재능이 없는 분야라서 잘하려고 노력하지 않는다. 요령이 없어서 한번 시작하면 시간도 오래 걸린다. 되도록이면 여러 가지 도움을 받을 수 있는 가전제품을 최대한 활용하면서 분초를 아껴 본업에 집중하는 시간을 확보하려고 한다. 하지만 청소는 요리와 달리 내가 시간과 에너지를 들여야 하는 분야임이 확실하다. 가족의 건강과 직결되어 있고 정서적인 면에도 큰 영향이 있다. 하지만 살림에 서투른 나는 청소를 제대로 해내는 것조차 버거웠다. 그러던 어느 날, 우리 집에 장모종 고양이 한 마리가 왔다.

고양이는 너무나 사랑스러웠다. 안타깝게도 이 예쁜 천사가 들어온 날부터 나는 기침에 시달리게 됐다. 한번 시작된 기침은 멈출 기색을 보이지 않고 차츰 심해져 약을 달고 살게 되었다. 약을 장기복용하니 위장이 좋아지지 않아 속이 더부룩한 날이 많아졌다.

강의를 매주 두 번 이상 해야 하는데 기침 때문에 목이 아프면 아주 곤란했다. 특단의 조치가 필요했다. 고양이 털과의 전쟁이 시작되었다. 나는 스스로에게 선언했다. "나는 하루에 한 번 청소하는 사람이다" 이 말을 여러 번 반복했다. 남편 얼굴을 보고 "나는 하루에 한 번 청소하는 사람이다"라고 외쳤다. 이 말을 스스로 반복하고 나니 반드시 행동으로 옮겨야겠다는 생각이 들었다.

스스로를 "나는 하루에 한 번 청소하는 사람이다"라고 외치니 정말 하루에 한 번 청소하는 사람이 되었다. 지금 우리 집은 고양이 털과의 전쟁에서 매일 승리하는 중이다. 하루에 한 번 이상 청소를 하기 때문이다. 마음속으로만 결심을 하는 것이 아닌 나와 가족이 들을 수 있도록 매일 소리 내어 반복하니, 실제로 실행하는 사람이 된 것은 물론이고 어떻게 하면 더 효과적으로 잘 해낼 수 있을지도 고심하게 되었다.

나는 뇌를 속이기로 했다. 청소를 그동안 열심히 하지 않았던 이유는 청소가 귀찮고 하기 싫은 일이라는 인식이 자리 잡고 있었기 때문이다. 타고난 저질체력이라 청소에 힘을 쏟는다는 것 자체가 버겁게 느껴지기도 했다. 청소에 대한 인식부터 바꿔야 했다. 일단 청소를 게임으로 바꾸기로 했다. 하루 15분만 청소를 할 건데 어떻게 하면 이 시간을 부담스럽지 않게, 재미있게 보낼까 궁리를 하다가 나는 청소를 하는 것이 아니라 청소기의 흡입력을 테스트하는 게임을 하는 거라고 뇌를 속이기로 했다.

청소기는 3단 흡입조절이 있는데 터보모드는 가장 흡입력이 강력하다. 눈에 보이지도 않을 만큼 가느다란 고양이 털을 흡입할 때 터보모드와 플러스모드, 보통모드를 비교하는 테스트를 게임처럼 진행했다. 3가지 모드의 흡입력을 비교하며, 먼지 통에 쌓인 고양이 털의 부피를 보며, 배터리를 많이 소모하는 터보모드보다 플러스모드를 사용해도 충분하다는 테스트 결과가 나오게 되었다.

15분만 청소기 흡입력 게임을 하려고 했지만 청소를 하면 할수록 노하우가 생겨서 7분이면 온 집안에 떠다니는 고양이 털을 효과적으로 없앨 수 있게 되었다. 그 후로 기침은 멈췄다. 더 이상 약을 복용하지 않아도 됐다. 더불어 약으로 고생하던 위장도 건강해져 속도 편안해졌다. 천사같이 예쁜 고양이와 행복한 공존이 가능해졌다. 집 안은 깔끔해졌다. 보기에도 좋으니 분위기가 안락하다. 이 모든 것의 시작은 스스로에게 외친 자성예언이다.

"나는 하루에 한 번 청소하는 사람이다."

오늘도 청소가 하기 싫어질 때마다 말습관의 힘을 사용한다.

"나는 하루에 한 번 청소하는 사람이다."

매일 주문처럼 외치니 현실이 되고, 나와 떼려야 뗄 수 없
는 몸에 착 붙은 습관이 되었다. 내가 한 말은 내가 가장 먼저
듣는다. "나는 하루에 한 번 청소하는 사람이다"라는 말을 매
일 스스로에게 들려주니 매일 청소하는 사람이 된 것은 물론
이고, 청소로 파생되는 장점까지 한꺼번에 누리는 생활환경을
조성하게 되었다.

말에는 강력한 힘이 있다. 입으로 뱉으면 어쩌다 한번 하
는 이벤트가 아니라 습관으로 삶에 깊숙이 파고들게 할 수 있
다. 나에게 들려주는 말 '자성예언'으로 습관을 설계하게 되었
다. 청소뿐만이 아니라 이렇게 스스로에 들려주는 주문은 습
관의 동기를 망각하지 않게 해준다.

인간은 망각의 동물이다. 정신없이 바쁜 일상에 시달리다
보면, 해야 하는 일에 대한 이유와 동기를 등한시하게 된다.
이럴 때는 입 밖으로 내뱉는 말습관을 이용하면 효과적이다.
한번 입에 붙은 말을 쉽게 잊어버리지 않는다.

말은
운명의 흐름을
바꾼다

습관에 관한 강의 중에 수강생분들에게 평소에 자주 쓰는 말 습관이 있는지 기록을 남겨보자는 과제를 내주었다. 자신도 몰랐던 말습관에 대해 관찰해본 수강생분들은 말 한마디에 감정이 지배당하는 경우가 많다는 사실을 알게 되었다. 또한 스스로에게 좋은 말을 해주는 경우가 드물다는 통계가 나왔다.

자신의 말에 대해 모니터링 해본다면 주로 내가 어떤 단어를 쓰고 있는지 긍정적인 말을 하는지, 부정적인 말을 하는지 알 수 있다. 우리는 자신에게 인색하다. 남에게는 친절하면서 자신에게는 친절하지 못하다. 그 이유가 무엇일까? 자신에게 해주는 말이 상냥하지 않기 때문이다.

절호의 기회에 삼진 아웃당한 타자는 스스로에게 어떤 말을 해주어야 할까? 자신의 과거 행동을 탓하기보다는 경험을 살려 다음번에는 같은 실수를 하지 말자는 긍정적인 말을 해주어야 한다. 그래야 다음에 타석에 들어설 때 삼진아웃의 기억을 떨쳐내고 자신 있는 스윙을 할 수 있다.

스스로에게 부정적인 말을 하면 그것이 암시가 되어 실생활도 부정적인 결과가 나온다. "저는 ○○을 못하는 사람입니다"와 같은 말을 자주 하면 실제로 그것을 잘 해내지 못하게 된다.

말에 깃들어 있는 강력한 힘을 두고 '언령'이라고 한다. 진심으로 말하면 이루어진다 하여 영적인 힘이 담겨 있다고도 한다. 소리를 내어 말한 언어가 실제 현실에 영향을 준다. 좋은 말을 하면 좋은 일이 일어나고, 부정적인 말을 하면 부정적인 일이 일어날 가능성이 커진다.

그래서 자신의 말습관을 면밀하게 모니터링 해보는 일이 아주 중요하다. 내가 하는 말이 곧 '나 자신'이다. 자신이 어떤 말을 하며 살아왔는지 돌아보면서 좋지 않은 말습관이 있는지 살펴보아야 한다. 말은 '삶' 그 자체다. 활력 있는 사람의 말은 활력이 넘치는 어휘들로 이루어져 있다. 매사에 부정적이고 불만이 많은 사람의 말은 부정적이고 불만 가득한 어휘로 가득하다.

유유상종(類類相從)은 같은 무리끼리 서로 사귄다는 뜻인데, '유유상종은 과학'이라는 말이 있을 정도로 비슷한 기를 가진 사람들이 서로 붙어 다니게 된다. 직장생활을 할 때 출근길 지하철에서 직장 동료와 지금 같은 칸에 타고 있는 사람 중에 우리 회사 직원 찾기 놀이를 한 적이 있다. 이 놀이는 지하철에 탄 사람의 표정과 차림새, 분위기를 면밀하게 관찰하는 재미가 있었다.

역삼역에서 내리는 수많은 사람 중에 우리 회사 직원 맞추기는 그다지 어려운 일이 아니었다. 대부분 맞출 수 있을 정도였는데 이미 얼굴과 눈빛에서 그 분위기가 여실히 드러난다.

사람은 끼리끼리 뭉친다. 회사 직원들은 사용하는 어휘도 대개 비슷하다. 말은 그 사람의 삶과 직업을 드러낸다.

우리가 지금 하는 말은 영원히 메아리가 되어 남는다. 말을 내뱉을 때 가장 먼저 듣는 사람이 바로 자신이기 때문이다. 한번 내뱉은 말은 다시 주워 담을 수 없다. 혼잣말도 내가 듣는다. 사소한 말습관은 내 얼굴이 된다. 평소의 말습관이 운명의 흐름을 만드는 중요한 요소가 된다.

매일 자신에게 친절하고 상냥한 말을 해준다면 스스로 위안받고 응원을 받을 수 있다. 나에게 매일 '셀프 칭찬'을 해준다면 어떤 일이 생길까? 앞서 이야기한 수강생분들과 함께 셀프 칭찬을 해본 적이 있었다. 자신의 머리를 쓰다듬으면서 "잘했어! 대단해! 정말 훌륭한데?"라고 한 분 한 분 돌아가면서 셀프 칭찬을 했는데 처음에는 대부분 무척 쑥스러워하셨다. 그래도 점점 분위기가 한껏 밝아지면서 모두 얼굴에 웃음꽃이 피었다. 없던 자신감이 생기는 기분이었다며 좋은 경험이었다는 강의 후기를 남겨주셨다.

우리는 스스로에게 엄격하고 높은 기준을 적용하고 그 기준을 충족하지 못하면 자책을 한다. 하지만 인간은 모두 완벽하지 않다. 자신이 완벽한 인간이 아니라는 걸 인정하기가 어렵다. 스스로에 대한 기준을 낮추고 사소한 것이라도 잘했다고 칭찬해주기 시작하면, 불안하고 초조한 마음이 가라앉고 자신감이 생겨난다. 안색도 밝아지고 웃는 얼굴이 된다. 좋아지는 자신을 보면서 점점 더 자신이 좋아진다. 미숙하더라도 스스로를 좋아하는 사람은 밝은 에너지를 발산해서 보는 사람까지 덩달아 기분이 좋아진다. 주변을 환하게 밝히는 미소 하나만으로 우리는 소중한 사람이 될 수 있다.

링컨은 마흔이 넘으면 자기 얼굴에 책임을 져야 한다고 했다. 지금 거울을 보며 확인해보자. 나는 우는 얼굴인가, 웃는 얼굴인가? 아무리 힘든 일이 있을지라도 말에 깃들어 있는 힘을 사용해서 매일 자신에게 셀프 칭찬을 해주자. 운명의 흐름이 변화할 것이다. '바른말'은 감정에 함몰되는 걸 막아준다. 우리는 어제 했던 말을 오늘도 사용한다. 부정적인 말습관을 중단하고 오늘부터 힘이 깃든 바른말을 해보자. 오늘 한 바른

말이 습관의 시작이 되어 내일의 나를 변화시키는 강력한 힘이 되어줄 것이다.

오늘 아침
내뱉은 말이
하루를 지배한다

언어는 사고를 지배한다. 자신에게 긍정의 언어를 들려주는 것만으로 안색이 밝아지는 이유는 뇌가 언어로 긍정의 신호를 받아들이기 때문이다. 행동의 70%는 습관으로 이루어져 있다. 새로운 습관을 들이는 데 시간이 걸리는 이유는, 우리가 어떤 행동을 새롭게 시작할 때 에너지가 소모되기 때문이다. 새로운 일에 부담을 느끼는 것도 마찬가지다. 한 번도 경험하지 못한 일을 하는 것은 엄청난 에너지를 필요로 한다. 그래서 사람은 새로운 일을 시작할 때 두려움을 느낀다.

이 두려움을 없애고 새로운 습관을 만들려면 시작에 필요한 에너지를 최대한 적게 들이는 방법을 쓰면 된다. 피로는 습관의 적이다. 습관의 가장 중요한 요소는 지속성이다. 지속성을 저해하는 일등공신은 피곤함이다. 새로운 일을 시작할 때 마음에 부담이 가득하고 피로까지 겹치게 되면 중도 포기로 갈 확률이 높아진다.

끈기는 쉽게 한계를 드러낸다. 어떤 일을 중도 포기할 때 가장 많이 듣는 변명은 '끈기가 없어서'다. 하지만 사람은 원래 끈기가 없다. 에너지를 무한하게 쓸 수 있는 사람은 지구상에 존재하지 않는다. 모든 일을 끈기로 해내야 한다면 얼마나 피곤할지 생각만 해도 힘이 빠진다.

끊임없이 노력하는 것이야말로 습관을 만들기를 중도 포기하게 하는 가장 근본적인 원인이다. 인내와 노력, 끈기, 열정, 의욕은 초반에는 강력한 힘을 발휘하지만 쉽게 고갈되는 특성이 있다. 그래서 에너지 소모를 최소화하는 환경 세팅이 필요하다.

언어는 행동을 자극하는 자동운전 기능이 있다. 일단 말로 내뱉고 나면 신기하게 행동하는 데 큰 힘을 쏟지 않아도 된다. 오늘 아침 내뱉은 말이 오늘 하루를 지배한다. 스스로에게 힘이 되는 셀프 칭찬으로 하루를 시작한다면 나도 모르게 활기가 넘치는 경험을 하게 될 것이다. 이 활기는 실제로 경험하지 않으면 절대 알 수 없다. 당장 내일 아침부터 셀프 칭찬을 실행하고 경험해보기를 권하고 싶다.

셀프 칭찬에는 큰 말재주가 필요하지 않다. 거울을 본다. 손으로 머리를 쓰다듬는다.

"오늘도 잘 해낼 거야! 대견해! 멋지다! 훌륭해!"

이 말이면 충분하다. 15초 동안 거울을 보며 스스로를 북돋아주면, 뇌는 그에 힘입어 자동운전을 시작한다. 셀프 칭찬은 뇌에 거는 주문이다. 뇌의 자동운전 시동을 걸어주는 스위치는 스스로 누르는 데 15초의 셀프 칭찬이면 충분하다.

15초면 바쁜 아침에도 부담 없이 사용할 수 있는 시간이다. 이 짧은 시간에 스스로에게 힘을 주는 말습관을 만들어두면 평생 활용할 수 있다. 입에 한번 붙은 말은 쉽게 나를 떠나지 않는다. 단 15초로 오늘 하루 나의 활력을 충전할 수 있을 뿐만 아니라 심리적 안정감도 얻을 수 있다. 심리적 안정은 돈을 주고 살 수 없을 만큼 인생에 있어서 중요한 요소다. 말이 변화하면 감정이 변화하고, 감정이 변화하면 행동으로 이어진다. 극적인 변화를 이끌어내는 힘은 우리가 내뱉는 말습관에 깃들어 있다.

말습관의
복리효과

도서관 앞에 갈 만한 식당이 있다는 건 축복이다. 특히 속에 부담이 없는 한식 백반집이 있다면 도서관 생활은 천국이 된다. 글쓰기가 가끔 힘들 때도 있다. 하지만 맛집이 근처에 있다면 점심시간을 기대하며 즐거운 마음으로, 아침부터 힘차게 노트북을 두드리며 글을 쓸 수 있다. 자주 가는 식당은 사장님 손맛이 기가 막혀 모든 반찬이 맛있다. 밥 두 공기는 기본이다.

시그니처 메뉴는 김치찌개다. 고소한 돼지고기 목살과 푹익은 신김치의 조화가 기가 막힌 맛집이다. 코로나 시국에도 그 맛집이 없어질까 노심초사하며 기다렸다. 매일 바뀌는 반찬에 사장님의 손맛이 어우러져 오늘은 무슨 반찬이 나올까 한껏 기대하게 되는 식당이다.

　나는 그 식당의 단골이 되어 도서관을 떠올리면 자동으로 매칭이 될 정도였다. 코로나 시국이 되자 가게가 텅텅 비는 날이 잦아졌다. 아무리 맛집이라도 엄혹한 시절을 피하기가 힘들었을 것이다. 그때부터 사장님은 "힘들다, 괴롭다"라는 말을 달고 사셨다. 단골손님에게 그런 말 정도는 할 수 있다고 본다. 누구보다 그 식당을 좋아하는 사람이니까.

　하지만 밥을 먹으러 식당을 찾은 사람에게 사장님의 푸념이 계속된다면 식사를 하는 시간이 부담스러워질 것이다. 앓는 소리를 들으며 밥을 먹고 싶은 사람은 없다. 점심시간에 가도 손님이 없는 날이 많아졌다. 사장님의 푸념은 줄어들 기미가 보이지 않고, 아예 말습관이 되어 버렸다. 어떤 날은 묵묵히 듣고 있기도 하고, 어떤 날은 맞장구도 쳤지만 사장님의 푸념은 밥을 먹는 동안 계속되었다.

　사장님은 아마 외로웠을 것이다. 씩씩하게 가게를 혼자 꾸

려나가고 계셨지만 말을 할 사람이 필요했을 것이다. 그래도 푸념 대신 활기찬 인사를 손님들에게 건넸다면 어땠을지 아쉬운 마음이 든다.

부정적인 감정을 밖으로 표현할 수 있다. 그러나 자주 하다 보면 푸념도 말습관이 된다. 식당 사장님의 말습관이 푸념으로 굳어진 이후에는 손님의 발걸음이 눈에 띄게 줄어드는 마이너스 복리효과를 가져왔다.

만약 사장님이 밥을 먹으러 온 손님들에게 "어렵다", "힘들다" 말하는 대신 편하게 식사를 할 수 있게 배려했다면 어떻게 되었을까? 손님들은 즐겁고 맛있게 식사를 할 수 있었을 것이다. 워낙 솜씨가 좋은 사장님이라 여기저기 입소문이 퍼져서 오히려 힘든 시기에 가게를 일으킬 수 있는 기회가 됐을 것이다.

말습관을 푸념형에서 긍정형으로 개선한다면 주변에 모이는 사람이 달라진다. 부정적인 표현은 부정적인 사람을 모이게 하고, 긍정적인 표현은 긍정적인 사람을 곁으로 불러온다.

한두 번 푸념과 하소연을 들을 수 있지만 습관처럼 얼굴만 보면 푸념하는 사람의 이야기를 계속 듣고 싶어 하는 사람은 없다. 그러다 보면 주변 사람들이 하나둘씩 떠나간다. 어떻게 해서든 푸념과 하소연의 악순환에서 벗어나야 한다.

푸념과 하소연은 하면 할수록 부정적인 효과가 풍선처럼 커진다. 푸념의 부정적인 영향은 일과 생활, 인간관계까지 폭넓은 영향을 미친다. 푸념은 마이너스 복리효과를 가져오고 활기찬 인사는 플러스 복리효과를 가져온다.

코로나 시국에도 하루에 300그릇의 식사를 팔고 재료 소진으로 영업을 종료하는 동네 식당이 있다. 오전 11시 30분부터 영업을 하는데 오픈전부터 사람들이 길게 줄을 서 있다. 자칫 타이밍이 맞지 않으면 1시간 대기도 각오해야 하는 소문난 맛집이다. 이 가게는 들어서면 우렁찬 인사를 들을 수 있다. 테이블이 11개에 불과한 작은 식당이지만 활기만큼은 지구의 천장을 뚫고 나갈 기세다. 식사를 마치고 나설 때도 "좋은 하루 되세요"라는 인사를 받아 해피 바이러스가 전염된다. 이 식당에 가면 나도 모르게 기분이 좋아진다.

나도 모르게 축축 처지는 식당과 나도 모르게 기분이 좋아지는 식당. 사람들은 어느 식당에서 밥을 먹고 싶어 할까? 이것이 말습관의 복리효과다. 자주 찾아오는 단골손님에게 푸념과 하소연을 지속하는 식당과 웨이팅이 1시간이 넘도록 문전성시를 이루며 장사가 잘되는데도 손님 한 분 한 분에게 감사하는 마음을 잊지 않는 식당. 점심시간에도 파리가 날려 한 테이블도 손님이 찾지 않는 식당과 대기인원만 평균 20명이 넘는 식당. 손님 한 사람 뒤에 100명의 손님이 있다. 우리가 하는 모든 말이 복리효과를 만든다. 내가 뱉은 말은 내일의 현실이 된다.

아침에는 긍정의 말을
저녁에는 격려의 말을

말에는 마음을 창조하는 힘이 있다. 언어는 우리가 나아가고자 하는 방향으로 우리는 이끌어주는 지도다. 언어는 내면의 일부이다. 내가 어떤 사람인지, 어떤 문화적 배경을 가지고 있는지 분명히 드러낸다. 마음속에 불평불만을 가득 품고 있는 사람이 쓰는 언어는 불평과 불만을 그대로 표현한다. 자신이 지금 하는 일이 마음에 들지 않거나 인생이 풀리지 않는다면 사용하는 일부라도 긍정적인 언어로 바꿔야 한다. 프로 불평러와 같이 일하거나 시간을 함께 보내고 싶은 사람은 없다.

우리가 사용하는 언어 하나하나는 건강에도 지대한 영향을 미친다. 특히 하루를 시작하는 아침에 사용하는 말은 그 위력이 크다. 아침부터 안 좋은 소리를 듣고 싶어 하는 사람은 아무도 없을 것이다. 언어도 습관으로 굳어진 시스템이기 때문에 부정적인 언사를 내뱉는 것이 일상화되면 쉽사리 바꾸기가 힘들다.

그럴 때는 아침에 한마디라도 좋은 말로 시작해보자. 그렇게 한 달을 보내고 두 번째 달부터는 긍정의 언어 두 마디를 외쳐보자. 좋은 언어습관을 매주 1%씩 보탠다면, 한 달이면 4%, 1년이면 53%나 더 좋은 말을 쓰는 사람이 되어 있을 것이다.

자기 전에 뉴스를 읽거나 보는 것을 끊어보자. 뉴스는 필연적으로 부정적인 소식을 포함한다. 보면 불안과 우울을 몰고 오는 뉴스 대신 내일의 나에게 격려의 말을 하는 시간으로 쓰면 어떨까? 우리가 진정으로 원하는 것이 불안과 우울과 공포를 조장하는 뉴스 시청인가 아니면 내일의 나에게 힘을 실어주는 응원일까?

인간에게 가장 희소한 자원은 시간이다. 이렇게 귀한 시간을 매일 습관적으로 불안과 우울과 공포를 키워나가는 데 쓴다면 앞으로 몇 년 후에는 어떻게 살게 될까?

언어는 상상을 자극하고, 그 상상은 결국 현실을 만드는 생각으로 단단하게 자리 잡는다. 사용하는 언어가 달라지면 태도의 변화를 이끌어낸다. 어떤 언어를 받아들이고 사용할지는 전적으로 자신의 선택에 달렸다. 이러한 사실을 자각하지 못하고 부정적인 언어를 받아들이고 사용하는 사람이 많다. 자기 전에 뉴스를 보고 자면 그를 통해 받아들이게 된 불안과 우울, 공포의 언어를 내 입으로 내뱉게 되어 있다. 사람이 자주 사용하는 어휘는 자주 들었던 어휘다.

부정적인 뉴스를 보지 않아도 살아가는 데 아무런 지장이 없다는 것을 알게 될 것이다. 대신 그 시간을 긍정의 언어로 채우고, 내일도 고군분투할 나에게 응원과 격려의 메시지를 보내는 시간으로 전환한다면 그 언어가 우리의 행동이 될 것이다.

행동은 한 번, 두 번 반복하다 보면 습관으로 굳어진다. 언어로 결과를 통제하는 것이다. 아침에는 긍정의 말로, 저녁에는 격려의 말로 인생의 조종석에 앉자.

말에는 결과를 만들어내는 힘이 내재해 있다. 우리가 사용하는 말은 마음을 빚어낸다. 언어는 양날의 검이다. 유익한 도구로 쓸 수도 있는 만큼 순식간에 유해한 수단이 될 수도 있다. 습관적으로 뱉어낸 말은 현재를 만든다. 과거의 내가 했던 말이 모여 지금의 나를 만든 것이다. 언어는 삶을 담아내는 그릇이다. 우리가 타고난 것들을 결정할 수는 없지만 어떤 말을 쓰며 살아갈지는 스스로 선택할 수 있다.

장점부터 찾아보는
습관을 들이면
일상이 달라진다

유교는 겸양의 문화로 스스로의 장점을 찾는 것에 인색하다. 이 인색함은 자신에게뿐만 아니라 타인에게도 그대로 적용된다. 남의 장점보다 부족한 점부터 보게 된다. 수많은 장점을 가진 한 사람이 있다. 그러나 이 사람이라고 완벽하지는 않다. 세상에 완벽한 인간이 어디 있겠는가? 소소한 단점, 치명적 단점, 사람이라면 모두 다 가지고 있다. 소소한 장점도 있고, 남들은 도저히 넘볼 수 없는 장점도 있다. 보는 관점에 따라 수많은 장점을 뒤로 하고 기가 막히게 단점만 들춰내는 사람이 있다.

나는 장점부터 찾는 사람인가? 단점부터 찾는 사람인가? 단점부터 찾아내기에 급급한 사람이라면 자신의 장점도 찾기 힘들 것이다. 자신의 장점을 잘 아는 사람은 타인의 장점도 잘 찾아낸다. 장점부터 보는 관점을 갖고 있기 때문이다.

누군가 나의 단점을 속속들이 찾아내 그것을 알고 싶어 한다면 우리는 그 사람과 가깝게 지내고 싶을까? 유난히 남을 평가하기 좋아한다거나 잘 알지도 못하는 사람을 넘겨짚고 섣불리 추측하는 좋지 않은 버릇이 있다면 기피대상 1호가 될 것이다.

상대방의 장점을 기가 막히게 잘 발견하고 칭찬하는 습관이 있는 사람 곁에는 알아서 좋은 사람이 모인다. 장점을 먼저 발견할 줄 아는 사람은 주변 사람들의 행동이 더 나아지도록 하는 기폭제가 된다. 주변 사람들의 성장을 돕고 좋은 사람들이 탁월한 환경을 조성해주니 결과는 알아서 따라온다. 또, 상대방의 장점을 먼저 발견하는 습관은 내가 머무는 환경을 바꿀 수 있는 강력한 힘이 된다.

나는 타인의 장점에 치중하는 사람인가? 아니면 단점부터 찾아보는 사람인가? 내 마음의 습관은 어떤지 점검해보자. 지금 당장 나의 장점을 3개 이상 고민하지 않고 말할 수 있다면 타인을 볼 때 장점부터 찾아낼 줄 아는 사람일 확률이 높다. 자신의 장점이 무엇인지 모른다면 다른 사람을 볼 때 단점부터 볼 가능성이 크다.

긍정형 마인드에 치중한 마음습관을 장착했다면 좋은 일이 생겨난다. 장점부터 집중하기 때문에 장점을 활용할 생각부터 한다. 부정형 마인드에 치중한 사람이라면 단점부터 들추기 때문에 일의 진행이 느릴 수밖에 없다. 단점이 5%, 장점이 95%라 할지라도 단점부터 보는 습관이 정착되면 5%에 불과한 단점이 모든 장점을 가린다. 좋은 기회가 와도 단점 찾기에 집중하기 때문에 기회가 기회인 줄도 모른다. 눈은 뜨고 있지만 장님이 따로 없다.

미국 전역에 매장 3천 개와 전 세계에 9천 개의 매장을 거느린 비디오대여점 '블록버스터'는 고객이 반납일을 지키지 않으면 연체료를 무는 형식으로 운영되었다. 넷플릭스의 창업자 중 한 명인 리드 헤이스팅스는 블록버스터에서 비디오를 빌리고 연체료를 40달러를 무는 바람에 무척 화가 났다. 이 분노가 결국 넷플릭스의 창업 아이디어가 됐다는 것이 재미있는 사실이다. 넷플릭스는 블록버스터의 거대한 수입원 중의 하나인 연체료에 주목했다.

헤이스팅스는 연체료가 대여료보다 커진 상황을 납득할 수 없었다. 고객에게 연체료라는 징벌적 제도를 적용하는 대신 피트니스 클럽처럼 1개월 혹은 1년 계약을 맺는 구독 서비스를 창안하게 된다. 이것이 오늘의 넷플릭스를 존재하게 한 아이디어다. 징벌적 연체료 제도로 천문학적인 수익을 올린 블록버스터는 넷플릭스에 밀려 2010년에 파산한다. 블록버스터는 부정적인 면에 집중했고, 넷플릭스는 그 부정적인 면을 활용했다. 결과는 우리가 아는 대로다.

사람들은 넷플릭스의 구독제도에 열광했다. 전 세계에 9천 개가 넘는 매장을 운영하는 블록버스터는 고객을 화나게 하는 연체료 대신 다른 시스템을 도입할 수는 없었을까? 그랬다면 넷플릭스와 블록버스터의 운명을 달라졌을지도 모른다.

연체하는 고객의 특성을 연구해서 연체료를 부과하는 대신 구독제도라는 아이디어를 고안해낸 넷플릭스. 고객은 연체료를 물지 않아서 좋고, 기업도 고정 고객을 확보하는, 누이 좋고 매부 좋은 결과를 낳았다. 넷플릭스는 연체하는 고객의 장점에 집중했고, 블록버스터는 연체하는 고객의 단점에 집중한 것이다.

몸을 이용해 오랫동안 습관으로 만들어놓은 것을
체화된 지식이라고 할 수 있다.
체화된 지식은 생각하는 데 시간을 쓰지 않아도
본능적으로 판단하고 움직일 수 있게 해준다.
경험치가 쌓일수록
체화된 지식을 빠르게, 본능적으로 사용할 수 있다.
평소에 어떤 경험을 체화된 지식으로
만들어서 본능처럼 써먹을 것인가?

5장

몸으로 익힌 습관은
평생 나를 떠나지 않는다

몸을 움직이면
기분이
달라진다

원고를 쓰거나 강연 준비를 할 때 잘 풀리지 않으면 자리를 박차고 일어나서 산책에 나선다. 몸을 움직이면 신기하게도 생각의 실마리가 술술 풀린다. 나는 산책 신봉자다. 산책뿐만이 아니다. 피트니스 클럽에 가서 트레드밀 위를 천천히 걸어도 막힌 생각이 뚫린다. 조금이라도 부정적인 생각이 들거나 우울함이 밀려올 것 같으면 일단 몸을 움직인다.

바깥에 나가지 않아도 유산소 운동을 할 수 있는 방법이 있

다. 실내 자전거는 우리 집에서 가장 쓸모 있는 물건으로 등극
했다. 페달을 밟는 동안 거치대에 노트북을 올려놓고 글을 쓰
면 신기하게 글이 술술 나온다. 나도 모르게 리듬을 타며 페달
을 밟고 그 리듬에 맞춰서 노트북 자판을 두드리게 된다.

몸을 움직이면 기분이 상쾌하다. 오클랜드대학교 공학부
교수 바버라 오클리는 이것을 분산모드라고 했다. 분산모드
는 집중모드의 반대 의미로 느슨해진 휴식 상태를 의미한다.

집중모드만 유지하는 것보다 집중했다가 이완했다가 다시
집중하는 과정에서 문제 해결이 잘 된다. 원고 집필이나 강연
준비는 모두 고도의 집중을 요구한다. 하지만 장시간 고도의
집중을 하면 두뇌는 쉽게 피로해진다. 피로한 뇌로 좋은 생각
을 하기가 어렵다. 이때가 분산모드를 활용할 시간이다. 경험
해본 바로 최고의 분산모드는 몸을 움직이는 것이다. 그래서
자리를 박차고 나가서 산책을 하거나 날씨가 궂으면 실내 자
전거를 탄다. 좀 더 장시간의 분산모드가 필요할 때는 피트니
스 클럽에서 운동을 한다.

이렇게 분산모드를 활용하면 반짝이는 아이디어가 잘 떠

오를 뿐만 아니라 건강한 삶을 유지할 수 있다. 움직이면 칼로리를 소비한다. 고도로 집중할 때는 대부분 몸을 움직이지 않는다. 그래서 몸이 굳고 머리도 굳기 쉬운데, 이때 몸을 움직여주면 머리도 맑아지고 몸에도 활력이 생긴다. 생각이 풀리지 않아 움직였는데 일거양득의 효과가 있다. 몸을 움직이는 습관은 생각이 막힐 때마다 요긴하게 쓰는 기술이 되었다.

한꺼번에 마감이 3개가 몰리는 기가 막히는 상황이 벌어질 때가 종종 있다. 아무리 앉아서 머리를 짜내 보아도 마감을 제대로 지킬 자신이 없다. 그럴 때마다 머리를 비우고 힘을 쓰는 근육운동을 한다. 무거운 덤벨을 들어 올리다 보면 복잡하던 머릿속이 정리되어 마감을 지킬 방도를 만들 수 있다. 할 일들의 공통점을 찾아내고 하나로 연결해서 일을 최소화하는 루틴이 떠오른다. 몸을 움직이지 않았다면 사이다처럼 막힌 생각을 뚫어내지 못했을 것이다. 이유가 무엇일까?

몸을 움직이면 내면의 세계에 집중하기가 쉬워진다. 생각은 비우고 스트레스가 완화되는 단순한 움직임을 반복하다 보면, 경험과 지식이 그물망 형태로 연결된다. 내면에 자리 잡고 있었던 생각의 조각들이 비로소 연결되어 아이디어의 형태로 불쑥 올라온다. 나는 이 짜릿한 감각을 잃어버리지 않기 위해서 습관화했다. 산책이나 운동 후에 마음이 후련해지고 시원하게 땀을 흘리는 느낌에 집중했다. 움직임을 습관화했더니 제법 근육도 생기고 체력도 붙었다.

같은 동네에 오랫동안 살았던 남편의 회사동료 가족이 이사를 갈 예정이라 집에 초대해서 식사를 하기로 했던 날이다. 남편과 장을 보고 집에 돌아왔는데, 그날 엘리베이터가 고장 났다. 우리 집은 16층이다. 손님들이 올 시간은 다가오는데, 엘리베이터가 언제 수리될지 모르는 상황이었다. 나는 어쩔 수 없이 계단으로 올라가기로 마음먹었다.

몇 년 전 8층까지 계단으로 올라간 적이 있었는데, 중간에 몇 번을 쉬었다가 올라갔다가 다리에 힘이 풀려 주저앉고 싶었던 기억이 있다. 하지만 산책과 운동으로 체력이 다져졌는지 16층까지 계단으로 올라가기가 어렵지 않았다. 수월하게 올라와서 음식 준비를 하고 손님맞이를 했다. 놀라운 변화였다.

16층까지 힘들지 않게 계단으로 올라온 경험 덕분에 운동에 더더욱 자신감이 붙었다. 기분까지 상쾌했다. 이 상쾌한 기분은 하루 종일 앉아서 작업하는 나에게 많은 생활의 변화를 가져다주었다.

한국인의 10대 질병 중 70%는 생활습관이 원인이다. 오래 앉아서 일하는 사람이 많다 보니 근육은 퇴화되고 각종 스트레스에 시달린다. 사람이 움직이지 않으면 어지러움, 두통, 동맥경화, 심근경색 등이 일어날 확률이 높아진다고 한다. 나도 장시간 앉아서 일하니 자주 극심한 편두통에 시달렸다. 하지만 산책과 운동을 습관화한 후에는 편두통이 사라지고 스트레스도 완화되었다. 이제는 근육까지 생겨서 어떤 운동이든 도전해볼 수 있다는 자신감도 생겼다.

매사에 무기력하고 몸도 마음도 무거울 때가 있다. 그건 몸을 움직이라는 신호다. 피곤할수록 산책하고, 머리가 무거울수록 운동을 했다. 그랬더니 피로와 두통이 완화되었다. 기분이 홀가분하고 상쾌해진다. 산책하고 운동하는 습관이 오랫동안 글을 쓰는 체력을 만들어 준 셈이다. 나는 은퇴하고 싶지 않다. 체력이 받쳐주지 않으면 언제까지 글을 쓸 수 있을지 장담하지 못한다. 80세가 넘어도 글로 소통하고 싶다는 목표를 산책과 운동하는 습관으로 이루어 나갈 생각이다. 아프지 않고 오래도록 일할 수 있는 무기를 얻은 기분이다.

이루고 싶은 것이
있다면
체력을 먼저 키우자

마흔이 되자 체력이 30대 때의 절반으로 떨어졌다.

"배터리가 맛이 갔어!"

나도 모르게 비명을 질렀다. 마흔이 되면서 에너지 수준이
바닥으로 치달았다. 휴대폰 배터리처럼 갈아 끼울 수 있다면
몇 번이나 새것으로 바꿨을 것이다. 혼란스러웠다. 처음으로
겪는 체력저하를 어떻게 받아들여야 할지 몰라서 한동안 무기

력에 시달렸다. 그러는 동안에도 여전히 해야 할 일은 산더미처럼 쌓인 채로 나를 기다리고 있었다.

체력이 고갈되자 가장 먼저 해야 할 일을 자꾸만 미루게 됐다. 차일피일 할 일을 미루다 보면 점점 쌓여서 아예 손 놓고 싶어질 만큼 무기력해진다. 일로부터 도망치는 나 자신을 마주하는 일이 너무 괴로웠다. 체력과 열정, 끈기라면 부러울 게 없었던 저돌적인 탱크형 인간이었는데 방황하고 있었다. '아플 수도 없는 마흔'이기에 '하지 않으면 안 될' 수많은 일이 번호표를 달고 줄줄이 서 있다.

해야 할 일이 많을수록 중요한 일을 챙겨야 했다. 자신을 살뜰하게 돌봐야 했다. 무엇이 문제인가? 문제의 근본적인 원인을 찾아야 했다.

나이가 드는 건 어쩔 수 없는 일이다. 하지만 운동은 내 마음대로 할 수 있지 않은가? 일단 근육을 길러 체력저하를 막아야 했다. 체력이라는 배터리가 방전 상태라면 근육으로 배터리의 용량을 확보하는 것이 급선무였다. 피트니스 클럽을 등록하고 걷는 시간을 늘렸다. 온몸이 활력으로 펄떡일 수 있도록 유산소운동으로 시작해서 근력운동을 하고, 마무리는 스트레칭으로 끝내는 습관을 만들었다.

그렇게 4년이라는 시간이 흘렀다. 4년 동안 나는 꼬박꼬박 운동을 했다. 주 3회 이상 피트니스 클럽에 가서 1시간 이상 운동을 했고, 걸을 수 있는 거리라면 운전을 하는 대신 걷고 또 걸었다. 기침약을 달고 살았던 기간에 상했던 위장으로 인해 술을 마실 수 없게 되자 금주 습관도 자연스럽게 보태졌다. 유산소운동과 근력운동, 스트레칭과 하루 1만 보 이상 걷기에 금주까지 지속하자 점차 체력이 회복되었다. 그러자 하루에 한 가지 일도 벅찼는데 주 2회 이상의 강연과 집필, 영상 콘텐츠 제작을 병행하는 데 큰 무리가 없었다.

30대에는 간헐적으로 운동을 하기는 했지만 4년 이상 꾸준하게 피트니스 클럽에 다닌 적은 없다. 그 결과 40대에 이르러서 갑자기 체력 저하를 온몸으로 맞게 된 것이다. 체력이 떨어지면 나도 모르게 감정기복이 심해진다는 사실을 알게 되었다. 아마 그런 상태로 40대를 보내게 되었다면 나는 커리어 중단을 심각하게 고려하고 있을지도 몰랐다.

움직이면 활력이 생긴다. 불면증에 시달리면 자기 전에 운동을 하면 된다. 이루고 싶은 일이 있다면 체력을 키우면 된다. 나도 모르는 사이에 부정적인 감정이 달아나고 생기가 돈다. 몸의 변화가 일어나면 감정에 영향을 주고, 감정의 변화는 업무에 영향을 미친다. 누구보다 자신이 하는 일을 사랑하는 사람이라면 체력을 키우는 습관을 만들어두자.

사람은 몸으로 배운 것은 잊어버리지 않는다. 30대에 꾸준하게 운동을 지속하지는 않았지만 20대부터 간헐적으로 피트니스 클럽에 다니며 익혀둔 운동 습관이 40대에 이렇게 요긴하게 쓰일 줄 예상하지 못했다. 오랜만에 피트니스 클럽에 가도 운동기구에 올라가면 자연스럽게 호흡을 하며 바른 자세로 근육운동을 하게 해주었다. 몸으로 익힌 습관이 있다면 우리는 언제나 그 습관을 꺼내서 활용할 수 있다.

운동은 육체와 정신에 커다란 영향을 미친다. 활력이 없어 한없이 우울함의 바닥으로 떨어진 나를 구한 것도 운동이고, 수많은 해야 할 일 목록을 처리하지 못해 방황하는 나를 구한 것도 운동이었다. 운동을 하며 땀을 흘리고 지금 여기 살아 있음을 온몸으로 경험하는 나의 커리어와 내가 사랑하는 사람들을 지킬 수 있는 원동력이다.

체력이 회복되기까지 많은 시간이 걸렸다. 조급하게 마음을 먹고 효과가 당장 나타나기를 바랐다면 아마 1년도 채우지 못하고 운동을 그만두었을 것이다. 조금씩, 천천히, 무리하지 않는 선에서 운동 시간을 늘렸다. 피트니스 클럽에 다니는 걸 썩 좋아하지 않는 자신을 잘 알고 있었기 때문이다.

습관은 알게 모르게 천천히 인생을 지배한다. 습관이 삶에 스며드는 시간이 필요하다. 청소도 버거워 할 정도의 저질체력이었는데, 3개월 운동했다고 빵빵한 근육이 올라오지 않는다. 자신에게 너그럽게 시간을 주면서 습관이 삶을 지배할 때까지 여유를 가지는 마음이 필요하다.

일과 삶에 치여 목표를 잃어버렸다면 체력이 소진되었다는 의미일지도 모른다. 오늘은 나를 위한 움직임을 시작해보자. 거창하지 않아도 괜찮다. 무겁게 시작하면 중도포기하게 된다. 가볍게 5분만 산책을 하기를, 작은 물통을 10번만 들어

올리기를, 트레드밀에서 15분만 걸어보기를, 플랭크를 1분만 버텨보기를, 무리하지 않는 선에서 작은 시작을 허락하자. 이 작은 시작이 본격적으로 운동을 하는 습관을 만들어주는 스위치가 될지도 모르니 말이다.

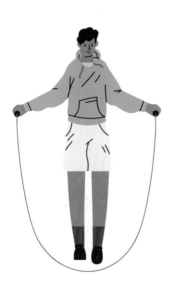

몰아붙이면
일상이
흔들린다

운동하는 습관을 만들기 위해서 여러 가지 실험을 했다. 태생적으로 근육이 없는 체형이라서 몸을 쓰는 일이나 운동을 하면 쉽게 지친다. 앉아서 머리를 쓰는 일은 오랜 시간 집중할 수 있지만 몸을 움직이면 금방 한계선이다. 운동을 시작하고 무리하면 금방 탈이 난다는 걸 알고 있었기 때문에 가장 중요한 것은 무리하지 않게 운동 시간을 조절하는 일이었다. 컨디션이 좋다고 운동을 무리하게 하면 반드시 다음 날은 반드시 피로가 몰려와 일상이 흔들린다.

몸도 적응할 시간을 줘야 한다. 규칙적인 생활과 수면으로 몸의 피로감을 덜고 여분의 에너지를 비축해둬야 운동에 적응할 수 있다. 피곤한데 운동한다고 체력이 길러지지 않는다. 컨디션 관리와 운동을 병행해야만 서서히 진짜 체력이 길러진다. 운동은 평생 함께해야 하는 습관이기에 하루 이틀 컨디션이 좋다고 무리를 한다면 다음 날 쉬고 싶어지기 마련이다. 몸이 피곤하면 아무것도 하기 싫어진다. 게다가 그 피로감이 다른 일까지 하지 못할 정도라면 일상의 루틴을 수행하기가 힘들다. 운동에 대한 부정적인 인식이 자리 잡을 가능성이 커진다.

피로는 무기력을 불러온다. 나는 아무리 의욕이 넘쳐도 운동을 주 3회 이상 하지 않았다. 피로에 시달려 다음 주에는 운동을 나가지 않을 것이 뻔하기 때문이다. 이번 주에는 열심히 하고 다음 주에는 운동을 거르는 건 습관이 아니다. 일시적인 이벤트에 불과하다. 평생 함께해야 하는 몸에 딱 붙는 습관을 이어나가려면 무엇보다 피로관리가 우선이다.

운동이 일상을 지탱하는 힘이 되어야지 일상이 운동을 지탱하면 정작 본질에 쏟을 에너지가 부족해진다. 운동을 조금이라도 과하게 한 날에는 집에 돌아오면 아무것도 하기 싫은 상태가 된다.

피곤하면 물먹은 솜처럼 소파와 한 몸이 되었다. 몸이 피곤에 지치지 않을 만큼 운동량을 조절해야 운동이 일상을 해치지 않고 체력을 고갈시키지 않는다. 운동을 오랜 시간 지속하기 위해서는 운동에 집중하는 에너지를 덜어야 한다.

몸이 주는 신호를 무시하면 만성 피로 증후군에 시달린다. 과식하면 소화를 하는 데 몸의 에너지를 몽땅 쓰게 된다. 다음 날까지 이어지는 더부룩함 때문에 신경 쓰이고 피로감이 계속된다. 그런 날은 이틀 동안 소화를 하는 데 에너지를 몽땅 쓰게 된 셈이다. 애써 좋은 습관을 만들어 일상을 루틴화해도 과식을 하거나 몸을 무리하게 쓰는 날 닥쳐오는 피로에는 속수무책이다.

부지런히 몸을 움직여 루틴을 수행하려 해도 피곤하면 말짱 도루묵이다. 일상적인 활동을 수행할 수 없을 정도로 기운이 떨어지면 만사가 귀찮다. 생산적인 활동을 하려 해도 몸이 따라주지 않으면 움직이는 것 자체가 싫어진다. 몸의 소리에 항상 귀 기울이고 컨디션을 미리미리 체크하는 습관을 가져야 한다. 무리하지 않는 선에서 절제해야 일상을 유지하고 미래를 기약할 수 있다.

내 체력의 한계를 알아차리자. 무리하게 몰아붙이지 말고 차근차근 한 단계씩 습관을 쌓아나가야 몸이 거부반응을 일으키지 않는다. 기력이 떨어지면 열정도, 의지도 그 무엇도 말을 듣지 않는 몸 상태가 된다. 에너지를 보존하고 잘못된 행동을 반복하지 않는 것도 몸을 지혜롭게 쓰는 방법이다.

인지하지 않아도
바른 자세를
위해

필라테스를 시작한 지 1년 지났다. 매일 앉아 글을 쓰니 항상 등이 구부정하고 거북목이다. 애써 신경을 곤두세워 등허리를 펴봐도 잠시뿐이다. 이대로는 안 되겠다! 자세교정에 도움이 된다는 필라테스! 나도 시작해보았다. 요가를 처음 배운 날이 떠오를 정도로 힘들었다.

'필라테스' 하면 떠오르는 우아한 포즈와 표정은 거짓말이었다. 평소에 쓰지 않던 근육을 썼더니 고문받는 듯한 느낌이 들 정도로 온몸이 사시나무 떨리듯 힘들었다. 집에 와서 바로 곯아떨어질 정도의 고강도 운동이었다.

1년이 흐른 지금은 제법 적응이 되었는지 자세를 크게 의식하지 않아도 바르다. 앉아 있을 때도, 서 있을 때도 승모근에 힘을 주지 않으니 어깨가 직각이 되어가고 등은 반듯하게 펴졌다. 자세교정에 효과가 있다. 일주일에 세 번, 1시간씩 1년을 반복하다 보니 몸에 익었나 보다.

필라테스는 요제프 필라테스라는 독일 남성에 의해 고안되었다. 그는 포로수용소에 갇혀서 좁은 공간에서도 할 수 있는 코어운동을 개발했는데, 늘 부상에 시달리는 무용수와 운동선수 사이에서 널리 퍼지며 유명해졌다.

체형은 한순간에 변하지 않는다. 몸이 기억하고 힘을 들이지 않아도 바른 자세를 가지려면 체화된 지식이 필요하다. 필라테스를 시작하면서 빠른 효과는 기대하지 않았다. 몸에 완전히 체화된 지식으로 효과를 보려면 1년은 걸리지 않을까 예상했었다. 생각보다 빠르게 체형교정에 효과를 봤지만 그래도 3년 이상 꾸준하게 배울 생각이다. 아직 혼자서 자연스럽게 동작을 취하면서 운동할 수 있을 정도는 아니다.

누가 가르쳐주지 않아도 몸이 기억하고 필라테스 동작을 자유자재로 구사할 수 있을 정도가 될 때까지 시간이 필요하다. 우리 클래스에서는 내가 가장 몸이 뻣뻣하다. 클래스메이트는 모두 필라테스 선배다. 70대 어르신도 같은 클래스에서 배우신다. 나보다도 훨씬 유연하시다.

결과는 빨리 나타나지 않는다. 나보다 들인 시간이 훨씬 많으니 내가 가장 뻣뻣한 건 당연하다. 한번 들인 습관은 평생을 간다. 3년 동안 투자해서 바른 자세를 얻을 수 있다면 기꺼이 3년을 묵묵하게 고문받는 심정으로 운동할 가치가 있다.

운동뿐만이 아니다. 명상하는 습관도 마찬가지다. '명상' 하면 어렵고 지루하고, 스님들이나 종교인들이 해야 할 것 같지만 현대인이라면 누구나 마음의 병을 앓을 수 있기에 하루를 돌아보고 조용히 자신에게 집중할 시간이 필요하다.

자신에게 집중하려면 일단 주의를 나에게 고정시켜야 한다. 하지만 이게 말처럼 쉽지는 않다. 우리의 주의를 분산시키는 미디어, 스마트폰, 세일기간, 가십, 온갖 방해거리가 곳곳에 있다. 자신에게 집중해야 할 에너지가 쓸모없는 곳에 줄줄 샌다. 더 끔찍한 것은 이러한 사실조차 인지하기가 쉽지 않다는 것이다.

유리병을 채우는 데 모래를 먼저 넣으면 큼직한 돌멩이는 들어갈 자리가 없다. 인지하지 않아도 체화된 지식을 쓰려면 오랜 시간이 걸린다. 모래가 명상을 방해하는 미디어나 세일 기간, 가십 뉴스라면 돌멩이는 나 자신에게 집중할 시간이다. 유리병이란 한정된 공간에 모래가 이미 잔뜩 들어가서 자리가 없다면 중요한 돌멩이는 내팽개쳐진다. 우리 인생에 중요하지도 않은 미디어와 세일기간, 연예인 가십, 뉴스거리로 일상을 채운다면 몸은 무엇을 기억하고 중요하다고 판단할까?

이리저리 시류에 따라 나부끼는 나방의 삶을 살고 싶지 않다면 인지하지 않아도 자동으로 아웃풋이 나오는 체화된 지식의 분야를 신중하게 결정해야 한다. 나는 무엇을 하며 시간을 보내고 있는가? 그 시간이 나를 어떤 사람으로 만들어주고 있는가? 인지하지 않아도 바른 자세가 나오려면 나는 지금 무엇을 해야 하는가?

무엇을
몸에 익숙하게
만들 것인가

주말에 오랜만에 집밥을 해 먹었다. 메뉴는 김치찌개와 소시지볶음, 비빔 젓갈이다. 남편이 감기에 걸려 오늘 식사 당번은 내가 당첨이다. 집에 있는 재료로 집밥을 뚝딱 만들어야 하는데 날씨도 쌀쌀하고 묵은지도 충분했기에 국은 김치찌개로 결정했다. 하지만 김치찌개는 이 집에 이사 오고 나서 한 번도 끓여본 기억이 없다. 이 집에 이사 온 지는 5년이 넘었다. 우선 몸을 움직였다.

멸치 육수팩으로 육수를 만들고 조미료를 넣지 않지만 감칠맛을 살려야 하기에 다시마 두 장을 넣었다. 다시마는 너무 오래 끓이면 국물에 쓴맛이 난다. 10분 안에 건져내고 묵은지를 볶아서 육수 안에 넣는다. 칼칼한 맛을 살리려면 고춧가루를 넣어야 한다. 담백한 맛 담당은 참치 캔을 하나 따서 기름을 적당히 덜어낸 다음 넣었다. 간은 간장으로 맞춘다. 뭔가 밸런스가 맞지 않아서 마늘을 다져서 넣었다. 레시피를 보지 않고 김치찌개가 완성되었다.

남편이 먹어보더니 오모가리 김치찌개 맛이라며 칭찬을 한다. 밥을 더 먹은 걸 보니 오랜만에 끓인 것 치고는 괜찮았나 보다. 레시피를 참고하지 않고도 김치찌개를 끓이는 방법을 몸이 기억하고 있다는 게 신기했다. 우리 어머님들은 여러 가지 요리를 레시피도 보지 않고 동시에 뚝딱뚝딱 만드신다. 어릴 적부터 참 신기했는데 오랜 시간 몸으로 습득한 것은 생각하지 않아도 자동으로 할 수 있다는 것을 깨달았다.

운전은 익숙해져도 항상 주의를 기울여야 한다. 분명 고도의 인지능력이 필요한 기술이다. 그래도 몸으로 체득하면 저절로 할 수 있다. 자연스럽게 시동을 걸 때 발은 브레이크를 누르고 기어를 움직여 출발한다. 도로 위에서 끼어들기도 눈치가 9단이다. 옆 자동차 바퀴 방향으로 끼어들 차인지 아닌지 알 수 있다. 전방 후방을 주시하면서도 자연스럽게 옆 사람과 대화를 하고, 음악도 들을 수 있다.

처음 면허를 땄을 때를 기억해보자. 머리로 동작을 연신 되뇌며 운전석에 앉는다. 브레이크를 밟아야 하는지 기어를 먼저 넣어야 하는지, 시동을 먼저 걸어야 하는지 잠시 생각하는 시간을 가져야 한다.

도로 위에 나가면 뒤에 초보운전이라고 큼직하게 붙여두어도 모든 차가 무섭기만 하다. 끼어들지를 못해 30분째 직진만 하기도 한다. 이러다가는 부산에 도착할 것만 같다는 생각에 입술을 깨물기도 한다. 나는 잠실에서 차를 끌고 홍대 앞에 가보겠다는 원대한 목표를 안고 출발을 했지만 올림픽대로에 진입하지 못해 결국 포기하고 집에 돌아왔었다.

그런 초보가 운전을 한 지 20년이 흘렀다. 출근시간의 테헤란로 16차선, 한 치도 양보하지 않는 도로에서 벌벌 떨며 주행시험을 본 때가 엊그제 같은데 벌써 세월이 이만큼 흘렀다. 20년 동안 운전하는 습관은 어떻게 체화되었을까?

앞으로 10년간 운전하지 않아도 운전대를 잡는 순간 자동으로 운전을 하게 될 것이다. 몸이 기억하고 있기 때문이다. 생각하지 않고도 몸을 움직이는 건 대단한 효율이다.

우리가 생각을 하려면 뇌를 작동시켜야 한다. 뇌의 무게는 1400g밖에 되지 않는데도 에너지는 20%를 쓴다. 몸무게의 2.2%를 차지하는 뇌의 에너지 효율은 사실 좋다고 할 수 없다. 매번 초보운전 시절처럼 생각하면서 운전을 한다면, 15분 운전에 밥 한 끼의 열량이 필요할지도 모른다. 우리에게 오랜 시간 체화된 습관도 마찬가지다. 많은 에너지와 칼로리를 소모해야 하는 뇌를 최대한 적게 쓰려면 바로 몸습관이 필요하다. 몸이 자연스럽게 움직이면 뇌를 사용하는 데 필요한 에너지까지 일하는 데 쓸 수 있다. 적은 에너지로 많은 일을 하는 것이다.

김치찌개를 끓이는 방법을 몸이 기억하고 있지 않았다면

유튜브에 검색을 하고 수많은 영상 중에 하나를 골라 정주행을 해서 요리법을 숙지하는 과정이 필요했을 것이다. 재료를 다듬고, 넣을 때마다 영상을 정지해놓고 요리를 했을 것이다. 20분이면 뚝딱 끓일 김치찌개를 1시간이 넘도록 완성하지 못했을 것이다.

몸을 이용해 오랫동안 습관으로 만들어놓은 것을 체화된 지식이라고 할 수 있다. 그것을 통해 필요할 때마다 언제든 생각하지 않고 자연스럽게 몸을 움직일 수 있다. 요리, 운전, 글쓰기, 강연, 운동도 체화된 지식이다.

나는 가끔 꿈에서도 강연을 한다. 강연의 요소는 여러 가지가 있지만 가장 중요한 건 청중과의 교감이다. 강연은 듣는 사람이 누구인지가 가장 중요하다. 마음을 움직일 수 없다면 강연은 실패다. 자연스럽게 청중과 소통하면서 그들의 관심사가 무엇인지 파악하고 준비해야 한다.

체화된 지식은 생각하는 데 시간을 쓰지 않아도 본능적으로 판단하고 움직일 수 있게 해준다. 야구를 예로 들어보자. 타자는 투수가 던진 공에 순간적으로 배트를 휘둘러야 할지

참아야 할지 결정해야 한다. 노련한 선수일수록 판단은 정확하고 빠르다. 그 찰나에 깊이 생각을 해서 판단할 수는 없다. 그러기엔 공의 속도가 너무 빠르기 때문이다.

테니스 공은 빠른 순간에 내리꽂힌다. 공이 땅에 떨어지기 전에 스매싱을 날려야 할지, 포핸드를 써야 할지, 백핸드를 해야 할지 판단해야 한다. 내가 서 있는 위치는 어디인가, 공이 날아오는 방향은 어디인가, 강력한 스매싱을 날려야 상대방이 내 공을 치지 못할지, 네트로 전진하면서 샷을 날려야 할지 생각할 겨를은 없다. 다만 오랜 경험을 통해 체화된 지식을 본능처럼 순식간에 사용해야 한다.

프로 선수들과 아마추어의 차이는 이 판단을 얼마나 빠르고 정확하게 하느냐에 있다. 경험치가 쌓일수록 체화된 지식을 빠르게, 본능적으로 사용할 수 있다. 그렇다면 우리는 평소에 어떤 경험을 체화된 지식으로 만들어서 본능처럼 써먹을 것인가?

몸으로
몰입하고
이루어낸다

집중력은 훈련과 습관의 산물이다. 사람은 항상 집중모드를 유지하기는 힘들지만 짧은 시간은 어렵지 않게 해낼 수 있다. 처음부터 장시간 몰입하기는 거의 불가능한 일이다. 오랜 시간 동안 집중해서 무엇을 해야 한다고 떠올리면 뇌는 거부반응을 일으킨다. 애초에 인간의 뇌가 집중모드보다 분산모드에 익숙하기 때문이다. 그래서 두꺼운 책을 보면 한숨부터 나오고, 학창 시절에 50분이나 계속되던 수업시간에는 그렇게나 하품이 나왔나 보다. 인간은 기계가 아니기 때문이다.

집필을 할 때도 하루에 4시간 이상 집중하는 건 무리다. 하루 꼬박 4시간씩 집필을 해야 한다면 2-3일은 지속할 수 있을지 모르겠지만, 얼마 안 가 글을 쓰는 행위 자체가 부담스럽게 느껴져서 한동안 쉬어야 한다. 하루에 18시간 책상 앞에 앉아 있을 수는 있어도 4시간 이상 고도의 몰입상태를 유지하는 건 힘들다. 하지만 15분 정도라면 누구나 집중할 수 있다. 부담스럽지 않아서 바로 행동으로 옮길 수 있다.

장시간 집중하기는 어렵지만 우리는 반드시 몰입해서 업무나 공부를 마쳐야 할 때가 있다. 몰입도에 따라 결과가 달라진다. 집중력은 훈련할 수 있는 영역이기에 짧은 시간이라도 고도의 몰입에 들어가는 습관을 만들 필요가 있다. 15분의 틈만 생겨도 몰입하는 습관을 만들 수 있다면 우리의 몸은 알아서 고도로 집중하는 행동을 자연스럽게 수행하게 된다.

처음부터 장시간 집중하면 에너지가 한 번에 고갈되어서 그만큼 휴식시간도 길어진다. 배터리를 혹사하면 충전하는데 오랜 시간이 걸리듯이 집중력도 마찬가지다. 최소한의 에너지를 쓰고, 짧게 쉬고, 집중하고, 휴식을 반복하면 몸은 몰입하는 과정을 기억하기에 다음번에 몰입에 들어가는 일을 부담스럽지 않게 여긴다.

습관은 오랜 과정을 거쳐야 하는 일이기에 몸은 자연스럽게 과정을 기억한다. 초등학교 때 배운 수영을 어른이 되어서 다시 배웠더니 자연스럽게 몸이 기억해서 배영과 접영까지 수월하게 해냈다는 경험담을 심심치 않게 들을 수 있는 것처럼 말이다.

테니스를 칠 때 공이 날아오면 몸을 어떻게 움직일지 일일이 생각하고 판단하지 않는다. 그동안 연습으로 쌓아 올린 몸의 기억으로 공이 날아오는 순간 반사적으로 라켓을 휘두른다. 반드시 필요할 때 집중하는 몸습관도 마찬가지다. 몰입으로 들어가는 과정을 몸이 기억하고 있는 덕분에 어렵지 않게 집중모드로 변환할 수 있다. 한번 몰입에 빠져 본 사람은 그 쾌감을 다시 느끼고 싶어 한다.

코로나가 한풀 꺾이고 2년 만에 대면 강의를 시작했다. 2020년부터 온라인 강의만 하다가 오랜만에 오프라인으로 강의를 하게 되니 초반에는 좀처럼 집중하기가 힘들었다. 하지만 15분 정도 지나자 강의에 집중할 수 있게 되었다. 2년 만에 대면 강의를 해도 강의할 때 어떻게 집중해야 하는지 몸이 기억하고 있었다. 자연스럽게 리듬을 타면서 몰입하는 기억을 몸이 소환한 것이다.

고도로 집중하는 시간도 의지나 열정으로 하려 하지 말고 몸이 자동으로 움직이게 하면 된다. 집중할 때의 리듬은 다시 되살리려 억지로 노력하지 않아도 탄력이 생긴다. 고수의 손놀림은 억지스럽지 않고 우아하게 리듬을 탄다. 몸이 기억한 리듬을 자동으로 재생하기 때문이다. 몸으로 익힌 집중하는 습관은 평생 나를 떠나지 않는다. 미루지 않고 해야 할 일을 반드시 끝마치게 한다.

우리를
온전히 쉬지 못하게
만드는 것들

국내 점유율 90%에 육박하는 메신저 서비스가 데이터 센터 화재로 인해 며칠간 먹통이 된 일이 있었다. 이때 사람들은 강제로 디지털 디톡스를 경험했다. 실시간으로 주고받던 업무 연락, 개인연락이 끊어지자 아무래도 불편함이 컸지만 잠시나마 스마트폰 중독에서 벗어나 진정한 휴식을 취한 것 같다는 반응도 많았다.

하루를 마치고 잠자리에 들 때 우리는 진정으로 휴식을 취한다. 그런데 우리는 매일같이 이 시간을 방해받고 있다. 바로 스마트폰 때문이다. 잠들기 직전까지 스마트폰을 들여다보다가 뒤척거리는 습관은 우선 눈에 피로도를 가중시킨다. 스마트폰을 비롯한 전자기기에서 나오는 블루라이트는 발열이 높아 안구건조증의 직접적 원인으로 작용한다. 또, 불면증과 우울증, 집중력 감퇴를 불러온다.

현대인은 스마트폰을 하루에 평균 2000번 만지작거린다고 한다. 잠들기 전에 스마트폰에 노출되면 도파민 과다에 익숙해진다. 도파민은 에너지와 의욕을 일으키게 하는 뇌의 신경전달 물질이다. 사람의 기분을 북돋는 '행복 호르몬'이라고 불린다.

스마트폰을 통해 새로운 정보를 접할 때마다 우리 뇌는 도파민을 분비한다. 하지만 도파민이 너무 많이 분비되면 항상성을 유지하려는 작용으로 내성이 생긴다. 인스타 피드를 계속 확인하고, 유튜브 숏츠를 보면서 많은 정보를 흡수하면, 점점 같은 양의 도파민으로는 만족할 수 없게 된다. 더 크고 많은 도파민을 원하게 되는데 이 때문에 도파민이 과도하게 늘어날 경우 강박증, 조현병, 과대망상을 일으킬 수도 있다.

잠들기 직전까지 스마트폰을 놓지 못했다면 머릿속에는 계속 인스타 피드와 유튜브 영상의 잔상이 남는다. 이 잔상은 불면증으로 이어져 새벽 3시, 4시까지 잠들지 못하고 결국 다시 스마트폰을 보게 되는 악순환의 원인이 된다. 손에는 스마트폰을 쥐고 침대에 누워 있는 이 자세가 내 삶의 기본 자세가 되어서는 안 된다. 우리가 가장 먼저 해야 할 일은 스마트폰을 침실에서 쫓아내는 것이다. 충전은 침실과 가장 먼 곳에서 하는 것이 좋다.

잠들기 전에 화장실에 들락날락거리느라 잠을 자지 못하는 사람은 평소에 커피를 얼마나 마시고 있는지 체크하자. 커피는 이뇨작용이 있어 반드시 화장실에 가야 하고, 카페인 함량이 높아 쉽게 잠을 이루지 못하게 한다. 나는 오후 3시 이후에 커피를 마시면 잠드는 데 방해를 받는다. 그래서 3시 이후에 커피를 마실 일이 있으면 디카페인 커피로 대체한다.

또, 야식도 우리를 쉽사리 잠들지 못하게 한다. 소화작용이 일어나 온전한 수면을 취할 수 없고, 잠에서 깬 뒤에도 위장이 더부룩하다. 야식은 만병의 근원이다. 야식은 체내의 해

독작용과 정화작용의 저하로 위장의 소화력을 떨어지게 한다. 배변장애와 면역력 저하의 원인이기도 하다. 잠들기 4시간 전에는 아무것도 먹지 않는 것이 좋다. 공복으로 지내는 일이 습관이 되면 자연스럽게 야식과 멀어진다.

반복적으로 늦은 시간에 고칼로리를 흡수하는 술자리로부터 멀어지면 몰라보게 뱃살이 줄어든다. 다이어트의 적은 술이다. 음주는 비만의 주범이다. 잠자기 전에 스마트폰과 야식을 밀어낸다면 놀라운 변화가 일어날 것이다.

우리의 하루는 이미 전날, 잠들기 전에 결정된다. 스마트폰 없는 숙면은 충분한 체력을 보장할 것이다. 야식 없는 위장은 체중 감소를 보장할 것이다. 하루 이틀을 지나 한 달, 세 달, 6개월 꾸준히 이어지는 습관이 된다면 우리의 하루는 얼마나 달라질까?

건강한 삶은
운명이 아니라
생활습관에 달려 있다

100세 이상 장수하는 사람들의 특징을 소개하는 다큐 프로그램이 있었다. 100세가 넘은 한 어르신은 식사 후에 반드시 자신과 가족이 먹은 그릇을 모두 설거지하신다. 잠시도 가만히 있지 않고 청소를 하고 집안일을 하신다. 100세가 가까운 다른 어르신은 청년도 지속하기 힘든 운동량을 루틴으로 만들어서 하루도 거르지 않고 몸을 움직이신다. 장수의 가장 큰 비결은 부지런히 몸을 움직이는 습관이다.

부모님이 시장에서 과일과 야채장사를 해서 큰 재산을 모은 친구가 있다. 이 친구는 부모님에게 넉넉한 재산을 물려받아 경제활동을 하지 않아도 사는 데 지장이 없다. 하지만 집에 가만히 있는 걸 싫어해서 음식점 서빙 아르바이트에 미술학원 강사 일까지 잠시도 일을 쉬지 않는다. 쉬는 날에는 맛집 탐방을 열심히 다니는데 체중은 늘지 않는다. 워낙 부지런해서 소모하는 열량이 크기 때문이다. 우리 집에 놀러와서도 1시간 동안 열심히 청소를 하고 갔다. 나도 가만히 있을 수가 없어서 덩달아 같이 청소를 하게 되었다.

몸을 움직이면 우울증 해소에도 도움이 된다. 피로를 느끼지 않을 정도의 적당한 움직임은 신경전달 물질의 대사작용을 촉진시키고 자기 존중감을 향상시킨다. 멜라토닌의 생성으로 잠도 잘 온다. 잘 먹고, 잘 자고, 부지런히 움직이는 건 건강을 유지하는 핵심이다. 잘 움직여야 잘 잘 수 있고 잘 자야 잘 먹을 수 있다.

복부비만은 고혈압과 당뇨, 고지혈증 등 다양한 합병증의 요인이다. 복부비만 상태가 오랜 시간 지속되면 장수하기 어렵다. 복부비만의 특징이 있는데, 움직이는 걸 싫어한다는 것이다. 모든 걸 누워서 하기 좋아하고 잠깐이라도 걷는 걸 선호하지 않는다. 누워서 TV 보기, 누워서 스마트폰 보기 같은 행동이 생활습관으로 굳어져 있다. 시간만 나면 누워 있으니 섭취하는 에너지와 소비하는 에너지가 불균형을 이룬다.

대사증후군은 고혈압, 고혈당, 비만과 같은 여러 질환이 한꺼번에 나타나는 상태를 말한다. 많이 먹고 적게 움직일수록 대사증후군이 나타날 확률이 커진다. 만병의 근원인 대사증후군을 완벽히 치료할 수 있는 단일 치료방법은 현재까지 없다. 식이요법이나 운동요법을 포함한 생활습관 개선을 통해 적정 체중을 유지하는 것이 예방에 가장 중요하다고 한다. 건강한 삶을 근본적으로 위협하는 질병의 원인도 결국 몸습관의 부산물이다. 건강한 삶을 누리는 건 운명이 아니라 하루하루 쌓아가는 생활습관에 달렸다.

5분만
걷는다고
생각하자

사람은 움직이기 위해 태어났다. 하지만 몸이 천근만근 무거울 때는 손가락 하나 까딱하기도 싫은 것이 현실이다. 몸과 마음이 따로 놀 때는 모든 게 귀찮아진다. 침대와 하나가 되고 싶어진다. 그럴 때는 손가락을 꼼지락거려 본다. 발가락도 꼼지락거려 본다. 갑자기 일어나면 허리가 다칠지도 모르니 먼저 무릎을 굽혀서 천천히 일어난다. 까짓것 5분만 움직여보자고 생각하고 일단 집 안을 돌아다녀 본다. 그러다 보면 몸의 감각이 깨어난다. 밖에 나가고 싶어진다.

운동화를 신고 나가 정처 없이 걷는다. 5분만 걸었다 돌아와도 상관없다. 이 걷기에는 특별한 목적이 없다. 불안과 두려움은 접어두고 현재 발걸음에 집중한다.

포장된 길이 아니라 흙을 밟는다면 더 좋다. 집 앞에 10분만 걸으면 끝나는 짧은 산책길이 있는데 샛길이 비포장길이다. 흙을 밟으며 숲속으로 걸어 들어간다. 자연의 변화가 눈에 들어온다. 이 순간만큼은 잡념이 사라진다. 몸을 움직이면 마음이 진정된다.

5분만 걷자고 했지만 계속 걷고 싶어진다. 5분만 걸어도 마음의 부정적 고리를 잘라낼 수 있다. 보이지 않던 것이 보이고 걸음의 리듬에 따라 생각의 변화가 일어난다. 세상의 모든 학문을 집대성한 고대 그리스의 철학자 아리스토텔레스는 제자들과 함께 걸으면서 토론하기를 즐겼다. 그래서 생긴 학파가 소요(逍遙 : 자유롭게 슬슬 거닐며 돌아다님)학파다. 걷기와 철학하기의 하이브리드는 후세의 철학자, 과학자들에게도 영향을 줬다.

칸트는 산책광이었다. 아인슈타인은 매일 2km 이상 걸었다. 스티브 잡스는 애플의 임원들과 산책하며 회의를 했다. 애플의 창의적인 아이디어는 산책길의 산물이었다. 잡스는 중요한 인물과 이야기를 나눌 때는 집 근처 산책길을 함께 걸었다. 그의 주변 인물들은 함께 걷는 동안 잡스가 제시하는 비전과 열정에 흠뻑 빠지게 되었다고 한다. 마크 저커버그도 숲속에서 만나 인재 채용을 한다.

신체와 마음은 연결되어 있다. 어느 한쪽이 건강하지 않다면 온전하다고 할 수 없다. 산책은 신체 건강과 마음 건강을 동시에 챙길 수 있는 간단하고도 효과 좋은 운동이다. 걸을 때는 특별한 목표를 세우지 말자. 만 보를 걸을 생각도 하지 말고 스마트 워치를 보면서 심박수를 체크하지 말자. 그저 온전히 걷는 지금 이 순간에 집중하고, 다리의 리듬에 몸을 맡겨보자. 지독히도 움직이기 싫은 날은 5분만 걸어도 운동감각이 활성화된다.

목적 없는 걷기를 하면 시간에 얽매이지 않으니 부담이 없다. 혼자서 오롯이 자신과 대면하는 시간이 되기도 한다. 빨리 걸어도, 늦게 걸어도 뭐라 하는 사람이 없으니 속도를 내어도 좋고 유유자적 걸어도 상관없다. 걷기는 명상처럼 어지럽고 흩어진 마음을 다스리는 정서적인 치유 효과도 있다.

어린 시절 우리 집은 두 지하철역 사이에 있어서 어느 역에서 내려도 15분 정도 걸렸다. 역세권이긴 하지만 버스를 타기에는 돈이 아깝고 등교시간이나 출근시간을 맞추려면 좀 빨리 나서야 하는 애매한 위치였다. 하지만 두 지하철역 가운데 하나는 숲길을 관통해서 산책을 하기에 아름다운 길이었다.

아무리 학교가 가기 싫어도, 출근하기 싫어도 지하철역으로 가는 산책길을 걷다 보면 어느새 기분이 좋아졌다. 어릴 때는 그 이유를 알 수 없었지만 지금은 그것이 자연세계와의 상호작용이라는 것을 안다.

사람은 걷고 움직이는 활동만으로도 기분이 좋아진다. 고요한 분위기 속에서 흙을 밟거나 나무가 빼곡한 숲길을 걷는 건 움직임 그 이상의 명상 효과가 있다. 마음의 독소를 배출하고 잡념이 사라지는 시간을 계속 경험하다 보면, 걷는 것 이상의 그 무언가가 있다는 것을 깨달을 수 있다.

걷기는 때와 장소를 가리지 않는다는 것도 큰 장점이다. 멋진 운동복도 필요 없고 워킹화도 필요 없다. 그저 편한 신발이면 충분하다. 손가락, 발가락을 꼼지락하는 것만큼 부담 없이 5분만 걸어보자. 시간이 천천히 흐르면서 미처 챙기기 힘든 정신건강까지 얻을 수 있을 것이다.

'지금부터 시작이다!'

일이 풀리지 않을 때마다 인생의 고비마다 마음속으로 외치는 주문이다. 지금부터 시작이라니! 언제나 이렇게 생각하면 부담이 없어지고 마음이 설렌다. 어떤 일이든 마음의 허들을 낮추어야 시작하기가 쉬운 법이다. 작가로 10년을 보냈지만 지금부터 시작이라고 마음먹으면 글을 쓰는 데 부담을 이겨낼 활력을 얻는다. 10년째 강연을 하고 있지만 처음 하는 사람처럼 준비하면 실수가 없다. 마음도 습관이다. 나는 항상 지금부터 시작이다.

살다 보면 별일이 다 생긴다. 좋은 일도 있지만 좋지 않은 일도 있다. 좋은 일이 생기면 일반화하고 좋지 않은 일이 생기면 어쩌다 있는 일로 받아들인다. 내가 어떻게 받아들이고 마음을 먹는지가 습관이 되기 때문에 좋지 않은 일을 일반화하면 살기 힘들어진다. 마음의 습관은 삶을 결정하는 매우 중요한 요소다. 마음에서 말을 만들고, 말이 행동을 만들고, 행동이 쌓이면 운명을 만든다.

어떤 행동을 지속하려면 그것에 대한 깊은 이해가 필요하다. 좋은 습관으로 삶을 변화시키고 싶다면 왜 습관이 중요한지, 삶에 어떤 영향을 주는지 앎이 동반되어야 한다. 습관에 대해 속속들이 파헤쳐서 좋은 습관을 매일 쌓아 올린다면, 매일 씨앗을 뿌리는 하루하루를 보낼 수 있다. 이런 생활을 매일 한다면 나이 드는 것이 두렵지 않다. 오히려 나이 든 자신이 어떤 사람이 될지 무척 기대된다. 매일 씨를 뿌리는 습관을 만든다면 수확이 기다리고 있다. 씨앗을 심지 않는 땅에는 무성한 잡초만 자란다.

이 책은 크게 힘들이지 않고 자동으로 좋은 습관이라는 씨앗을 뿌리는 삶을 제시한다. 매일 우리의 마음과 언어, 행동을 통해 원하는 인생을 살 수 있도록 돕는 데 중점을 두었다. 지난 10년간의 집필활동이 결국 습관에 대한 것임을 이번 책을 쓰면서 깨달았다. 한 방울의 물을 매일 양동이에 채우고 365일이 쌓이면 어떤 일이 생길까? 양동이는 꽤 많은 물로 찰랑일 것이다. 한 방울의 물이 우리가 매일 보내는 순간순간이다.

순간에 품는 마음, 무심코 내뱉은 말, 생각 없이 한 행동들이 모여 삶을 이룬다. 매일의 반복은 시간이라는 힘이 더해지면 덩어리가 되고, 이 덩어리는 눈덩이처럼 커져 걷잡을 수 없는 궤적을 만든다. 인간에게는 시간이라는 강력한 자원이 있다. 동시에 가장 희소한 자원도 시간이다. 우리에게 주어진 시간이라는 자원을 이용해서 어떤 눈덩이를 만들고 싶은가?

습관을 바꾸면
인생이 바뀐다

초판 발행	2024년 1월 5일
지은이	김시현
펴낸곳	다른상상
등록번호	제399-2018-000014호
전화	02)3661-5964
팩스	02)6008-5964
전자우편	darunsangsang@naver.com
ISBN	979-11-90312-95-0 03190

독자 여러분의 책에 관한 아이디어나 원고 투고를 설레는 마음으로 기다리고 있습니다.
이메일로 간단한 개요와 취지, 연락처를 보내주세요. 독자님과 함께하겠습니다.